走进课堂的 数学抽象

鲁海燕　顾跃平　等编著

上海教育出版社
SHANGHAI EDUCATIONAL
PUBLISHING HOUSE

图书在版编目（CIP）数据

走进课堂的数学抽象 / 鲁海燕等编著. — 上海：
上海教育出版社，2021.11
ISBN 978-7-5720-1230-3

Ⅰ.①走… Ⅱ.①鲁… Ⅲ.①中学数学课－教学
研究－初中 Ⅳ.①G633.602

中国版本图书馆CIP数据核字(2021)第230071号

责任编辑　张莹莹
封面设计　周　吉

走进课堂的数学抽象
鲁海燕　顾跃平　等编著

出版发行　上海教育出版社有限公司
官　　网　www.seph.com.cn
地　　址　上海市闵行区号景路159弄C座
邮　　编　201101
印　　刷　启东市人民印刷有限公司
开　　本　700×1000　1/16　印张 14.75
字　　数　220 千字
版　　次　2021年11月第1版
印　　次　2021年11月第1次印刷
书　　号　ISBN 978-7-5720-1230-3/G·0966
定　　价　79.80 元

如发现质量问题，读者可向本社调换　电话：021-64373213

前言

2019 年黄浦区教育系统优秀人才培养工程名师(名校长)工作室(第二期)成立,数学名师工作室(二组)有幸由上海市数学特级教师、正高级教师顾跃平和虞怡玲共同担任导师。初中数学组在顾跃平导师的带领下,以对数学学科本体知识与内涵的理解为基石,积极开展关于数学学科核心素养的理论和实践研究。

鉴于初中数学学科核心素养尚未正式发布,工作室学员在导师的带领下认真学习教育部颁布的《普通高中数学课程标准(2017 年版 2020 年修订)》,对数学抽象、逻辑推理、数学建模、直观想象、数学运算和数据分析六大素养开展理论学习和研讨,发现课程标准中关于核心素养和数学学科核心素养的提出侧重于理论层面。而对于基层教师,仍需要在课堂教学实践方面得到指导和提升,以具体落实核心素养的培育。故而,我们萌发了"基于核心素养的培育展开课堂教学实践研究"的想法。

通过学习,我们认识到核心素养是学生经历不同学习阶段后形成的一种终身素养与能力,核心素养的培育是教学长期的、隐性的目标。显然,核心素养不可能通过一节课或简单的几节课的叠加而达成培育目标,它是一个长期的育人过程,而与此理念达成共识的是单元教学。正如《初中数学单元教学设计指南》中所指出的,单元是教学过程中相对完整的学习"段落",是一个包含了知识技能和活动的完整的学习过程。教师立足单元视角,聚焦单元目标,优化单元教学设计结构,关注情境在知识生成及应用过程中的价值,有助于学生学科思想方法乃至学科素养的形成。故而,我们萌发了"基于单元教学落实核心素养培育"的想法。

核心素养的培育是一个长期的过程,而这个过程又必然是由一节节生动具体的课构成,所以毫无疑问教师培育学生核心素养的主要阵地在课堂教学。在一节又一节生动的数学课堂中,核心素养的培育有时是显性的,有时是隐性的;有时在课前预设,有时在课中生成;有时易于捕捉,有时难以感知。所以,我们将实践研究的视角定位于课堂教学,尝试通过具体的一堂堂课堂实践,呈现线性的或螺旋的学科核心素养培育链,实现长期的课程教学目标。故而,我们萌发了"基于单元扎根课堂落实核心素养培育"的想法。

基于以上"核心素养与学科核心素养"的理解、"核心素养的培育与单元教学理念的一致"的想法和"数学学科核心素养培育的主阵地在课堂"的认知,我们确立了单元设计背景下数学学科核心素养培育的课堂教学实践研究项目的研究思路。之所以最终只选择数学学科核心素养之"数学抽象素养",是因为数学学科核心素养包含六大方面,为了利于更为专注、更为深入的研究,我们决定选择其中的一个核心素养作为研究的突破口。在数学学科六大核心素养中,数学抽象素养重在培养学生用数学的眼光观察问题,具有鲜明的学科特点,故我们最终确定了"单元设计背景下初中数学抽象素养培育的课堂教学实践研究"为项目研究课题,旨在数学学科核心素养培育的顶层理念的指导下,以课堂教学为根基展开教学实践研究,探索初中学生数学抽象素养培育的有效教学实践路径,为初中数学核心素养培育教学提供具有较强操作性的策略与建议。《走进课堂的数学抽象》即为该课题持续两年多的研究成果。

本书主要内容是针对数学抽象素养,从理论的解读到结合初中数学教材理解数学抽象素养,针对具体内容进行体现抽象素养培育的教学设计,再到落实于数学课堂的教学实践,以及对成果的评析与反思。本书共分为四章。第一章"立足课程标准,理解数学抽象素养"主要基于《普通高中数学课程标准(2017年版2020年修订)》,阐述了对数学学科核心素养和数学抽象素养的梳理与理解。第二章"基于初中教材,关联数学抽象素养"是根据上海教育出版社出版的《九年义务教育课本·数学》,按照《上海市初中数学学科教学基本要求(试验本)》的9个单元划分,挖掘数学抽象素养与初中数学学科教学内容之间的内在关联,建立教学内容与数学抽象素养表现及水平之间的对应关系。第三章"聚焦课堂教学,培育数学抽象素养"是在理论研究和教材关联的基础上,按概念教学、性质教学、问题教学、复习教学和探究教学五类分别展开数学抽象素养培育的课堂教学实践研究,通过路径的设计促进抽象素养培育的落地。第四章"品析教学案例,落实数学抽象素养"是在教学设计和实践反思的基础上,尝试提炼数学抽象素养培育的策略,回答如何提升抽象出数学概念的能力,如何提高认识问题本质的能力,如何培养一般性思考问题的习惯,如何积累从具体到抽象的活动经验,如何运用数学抽象的思维方式思考问题,实现数学抽象素养真正走进课堂。

本项研究历时两年多,通过过程研究,将数学抽象素养进行了从理论到实践再回归理论的辨析。其间,工作室学员们在导师的带领下集思广益,对课程标准的研读,对教材的深度分析,对课堂教学实践的投入,对教学典型案例的积累,对教学策略的提炼研讨,对研究报告的字斟句酌……一幕幕场景历历在目。共同经历、共同成长,本书是最好的见证!我们希望能为广大教师的教学研究工作提供一种新的思路,为即将颁布的义务教育阶段新课程标准的研读以及新课程标准与新教材的结合提供一种新的启发。

工作室的学习研究和本书的出版离不开顾鸿达老师、黄华老师和刘达老师的长期关爱和指导,离不开虞怡玲校长和朱晓薇校长对初中数学教学研究的支持,在此表示最诚挚的感谢!朱伟达老师、沈惠华老师和张斌辉老师认真细致审阅本书初稿,提出众多宝贵意见和建议,在此表示最真诚的谢意!本书在写作过程中参考、引用过许多文献中的观点,除本书最后列出的参考文献外,恐还有被遗漏的文献,在此一并向这些作者表示感谢!最后特别感谢上海教育出版社张莹莹编辑的专业付出与艰辛劳动,她的出色工作使本书得以顺利出版。由于编写团队的经验和水平的局限,本书一定还有相当多值得研究和改进之处,敬请各位读者不吝赐教,批评指正!

本书编写组

2021 年 10 月

目录

第四章 品析教学案例 落实数学抽象素养

第一章

立足课程标准
理解数学抽象素养

现代教育越来越重视对核心素养的培育,在《普通高中课程方案(2017年版2020年修订)》中指出,中国学生发展核心素养是党的教育方针的具体化、细化。学科核心素养是育人价值的集中体现,是学生通过学科学习而逐步形成的正确价值观、必备品格和关键能力。在初中数学核心素养正式发布之前,借鉴高中数学学科所凝练的六大核心素养:数学抽象、逻辑推理、数学建模、直观想象、数学运算和数据分析,学习理解并深入思考数学学科核心素养,以进一步指导初中数学课堂教学,提高学生学习数学的兴趣,发展学生自主学习的能力。

数学是研究数量关系和空间形式的一门科学,抽象性、严谨性和广泛的应用性是其基本特征。六大核心素养中数学抽象是指通过对数量关系与空间形式的抽象,得到数学研究对象的素养。数学抽象素养直接反映了数学学科抽象性的特征,它是形成理性思维的重要基础,贯穿在数学产生、发展、应用的过程之中。对抽象素养的理论学习和深入认知,利于发展把握问题本质的思维习惯,利于形成运用数学抽象的思维方式。

对数学核心素养的理解

核心素养是个人终身发展、融入主流社会和充分就业所必需的素养的集合。核心素养聚焦"全面发展的人",而学生发展核心素养指"学生应具备的、能够适应终身发展和社会发展需要的必备品格和关键能力",其中的关键词是"素养""品格"和"关键能力"。

基于不同的视角,对"数学核心素养"的关注点也有所不同。在数学核心素养的探索阶段,数学教育者们对数学核心素养的理解展开了热烈的探讨,张奠宙教授关注数学思维品质和数学学科的育人功能,提出未来公民的应具备的数学核心素养即"量化精准"的意识,"数据+算法"的思维,以及"数学文明"的信念。史宁中教授认为数学核心素养的本质在于用数学的眼光观察现实世界、用数学的思维思考现实世界、用数学的语言表达现实世界的综合素养。数学核心素养是学生经历数学化活动之后所积淀和升华的产物,这种产物对学生在数学上的全面、和谐、可持续发展起决定作用。马云鹏教授基于《义务教育数学课程标准(2011年版)》提出的10个核心素养,从学生发展和数学课程教学的角度理解,认为数学核心素养是学生学习数学应当达成的有特定意义的综合性能力,具有综合性、阶段性和持久性的特征。朱立明教授从序列和范围两个向度分析,认为数学核心素养是以培养能够适应现代社会生活的公民为目标,以教育各阶段相应的数学核心知识为载体,培养学生数学核心能力(外显表现),引导学生形成数学思维与数学态度(内隐特质),并为后续的数学学习提供持续性支持的阶段性动态发展系统。这一时期百家争鸣,可见数学核心素养的重要地位。

人们对数学素养的理解是动态发展的。以重在评价学生素养的国际学生评估项目（Program for International Student Assessment，简记为 PISA）为例，PISA 2012 对数学素养的标准定义如下：数学素养是个人在不同情境下形成、应用和阐释数学的能力。它包括数学推理能力和使用数学概念、过程、事实和工具来描述、阐释以及预测现象的能力。PISA2021 又提出将数学素养定义为个人在不同真实世界情境下进行数学推理，并使用和解释数学来解决问题的能力。它调整了"数学推理"在表述中的位置，将其放在数学素养定义的首要位置，说明 PISA 2021 对"数学推理"极其重视。所以，我们要用发展的眼光理解数学核心素养，不断反思和完善。

一、立足课标，理解数学核心素养的内涵

《普通高中课程方案（2017 年版 2020 年修订）》强调凝练学科核心素养，从价值观、必备品格和关键能力三个方面诠释学科核心素养，指出学科核心素养是育人价值的集中体现，是学生通过学科学习而逐步形成的正确价值观、必备品格和关键能力。《普通高中数学课程标准（2017 年版 2020 年修订）》进一步用这几方面的"综合体现"来界定数学核心素养，指出数学在形成人的理性思维、科学精神和促进个人智力发展的过程中发挥着不可替代的作用。数学素养是现代社会每一个人应该具备的基本素养。数学学科核心素养是数学课程目标的集中体现，是具有数学基本特征的思维品质、关键能力以及情感、态度与价值观的综合体现，是在数学学习和应用的过程中逐步形成和发展的。（图 1-1-1）

图 1-1-1　数学核心素养的内涵

这一定义体现了数学课程与数学学科素养之间的关联，数学课程的目标是以学生发展为本，落实立德树人根本任务，培育科学精神和创新意识，提升数学学科核心素养。这一定义明确了学生学习数学课程后应达成的正确价值观、必

备品格和关键能力,对知识与技能、过程与方法以及情感、态度与价值观三维目标进行了整合。这一定义强调了数学基本特征的思维品质、关键能力和情感、态度与价值观的综合体现,数学基本特征的思维品质可以通过创设合适的教学情境,启发学生思考,引导学生把握数学的本质,在问题解决的过程中强调数学思维的深刻性和严谨性,重视创新意识和创新思维的发展。广义的关键能力指发现和提出问题的能力、分析和解决问题的能力,即发现数学和应用数学的能力,具体的也可以把数学关键能力概括为抽象概括能力、数学推理能力、数学建模能力、直观想象能力、数学运算能力和数据分析能力。情感、态度与价值观是本定义凸显的部分,也体现了数学核心素养的整合性、综合性,强调了引导学生感悟数学的科学价值、应用价值、文化价值和审美价值的重要性。

课程标准中还指出,数学教育承载着落实立德树人根本任务、发展素质教育的功能。数学教育帮助学生掌握现代生活和进一步学习所必需的数学知识、技能、思想和方法;提升学生的数学素养,引导学生会用数学眼光观察世界,会用数学思维思考世界,会用数学语言表达世界;促进学生思维能力、实践能力和创新意识的发展,探寻事物变化规律,增强社会责任感;在学生形成正确人生观、价值观、世界观等方面发挥独特作用。从数学教育功能的角度分别呼应了数学核心素养在思维品质、关键能力以及情感、态度与价值观三方面的内涵。

二、立足课标,理解数学核心素养的要素

基于《普通高中数学课程标准(2017年版2020年修订)》对数学核心素养概念的认知,中国学生发展的数学核心素养涵盖学生经历数学化活动而习得的数学思维方式、学生数学发展所必需的关键能力和学生经历数学化活动而形成的良好的数学品格及健全人格。从数学核心素养构成的要素角度,课程标准指出数学学科核心素养包括:数学抽象、逻辑推理、数学建模、直观想象、数学运算和数据分析。这些数学学科核心素养既相对独立又相互交融,是一个有机的整体。(图1-1-2)

数学核心素养的本质,是描述一个人经过数学教育后应当具有的数学特质,

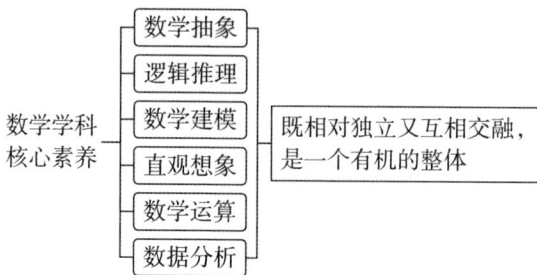

图 1-1-2 数学学科核心素养的要素

大体上可以归纳为"会用数学眼光观察世界,会用数学思维思考世界,会用数学语言表达世界"。

数学的眼光就是数学抽象。数学的研究源于对现实世界的抽象,通过抽象得到数学的研究对象,基于抽象结构,通过符号运算、形式推理、模型构建等数学方法,理解和表达现实世界中事物的本质、关系和规律。正是因为有了数学抽象,才形成了数学的第一个基本特征,就是数学的一般性。与数学抽象关系很密切的是直观想象,直观想象是实现数学抽象的思维基础,所以直观想象也是数学核心素养的要素之一。

数学的思维就是逻辑推理。数学的发展主要依赖的是逻辑推理,所谓逻辑推理,就是从一些前提或者事实出发,依据一定的规则得到或者验证命题的思维过程。通过逻辑推理得到数学的结论,也就是数学命题。正是因为有了逻辑推理,才形成了数学的第二个基本特征,就是数学的严谨性。虽然数学运算属于逻辑推理,但数学运算很重要,所以数学运算也是数学核心素养的要素之一。

数学的语言就是数学模型。数学模型使得数学回归于外部世界,构建了数学与现实世界的桥梁。除却数学符号的表达之外,主要是通过建立数学模型刻画研究对象的性质、关系和规律。正是因为有了数学建模,才形成了数学的第三个基本特征,就是数学应用的广泛性。因为在大数据时代,数据分析变得越来越重要,逐渐形成了一种新的数学语言,所以数据分析也是数学核心素养的要素之一。

六个数学学科核心素养中的数学抽象、逻辑推理、数学建模可以分别与数学的一般性、严谨性和应用的广泛性三大特征相对应,"数学核心素养"很好地反映了数学学科特性。课程标准中数学核心素养的定义强调的是综合体现,即思维品质,关键能力,情感、态度与价值观的综合体现,六个数学学科核心素养与数学学科特征紧密相连,那如何体现思维品质和情感、态度与价值观呢?事实上,"数学内容本身无疑会激起正直与诚实的内在要求",学生在经历数学活动的过程中,凸显本质的数学抽象、思维严谨的逻辑推理、情境关联的数学建模、洞察深度的直观想象、思维缜密的数学运算、科学准确的数据分析,其中所蕴含的数学情感长期积累,正是思维品质和情感、态度与价值观的形成过程。课程标准从六个核心素养细化解读数学学科核心素养,分别诠释了如何通过数学课程的学习,经历数学活动的过程,促进思维发展,养成思维品质,形成正确的情感、态度与价值观,从而形成和发展数学核心素养。

三、立足课标,理解数学核心素养的特点

《普通高中数学课程标准(2017 年版 2020 年修订)》中指出,学生数学学科核心素养水平的达成不是一蹴而就的,而是具有阶段性、连续性、整合性等特点。阶段性是指学生的数学核心素养表现为不同阶段、不同层次水平。数学核心素养的水平和层次划分是一个复杂的问题,不同的核心素养有各自的特点。课程标准从情境与问题、知识与技能、思维与表达、交流与反思四个方面体现数学学科核心素养,将每一个数学核心素养划分为三个水平,每一个水平通过数学学科核心素养的具体表现和体现数学学科核心素养的四个方面进行表述,关注学生数学核心素养发展的阶段性。

连续性是指数学学科核心素养的发展是连续的,教师应理解不同数学学科核心素养水平的具体要求,不仅关注每一节课的教学目标,更要关注主题、单元的教学目标,从而整体把握教学内容,促进数学学科核心素养连续性的发展。数学核心素养的连续性对教师的教学与评价提出了更高的要求,要抓住教学内容主线,要明晰每个教学目标对实现数学学科核心素养发展的贡献,要把握好学生数学学科核心素养发展的各阶段目标之间的关系,使教材形成一个整体的结构体系,引导学生从整体上把握课程,实现学生数学学科核心素养的形成和发展。

整合性是指数学学科核心素养是一种综合体现。数学核心素养的形成需要

对数学内部和数学外部之间的各种关系进行深入理解和整合运用。课程标准指出,数学学科核心素养是"四基"的继承和发展。"四基"是培养学生数学学科核心素养的沃土,是发展学生数学学科核心素养的有效载体。核心素养是基于数学的基础知识和基本技能实现的,并且外化于运用基础知识和基本技能解决问题的过程。同时,数学核心素养也促进数学基础知识的理解和数学基本技能的提升,并且内化于感悟数学基本思想,积累数学基本活动经验。通过理解数学的本质,实现思维品质、关键能力以及情感、态度与价值观的综合体现,促进学生数学学科核心素养的不断提升。

关注数学学科核心素养的阶段性、连续性和整合性的特点,树立以发展学生数学学科核心素养为导向的教学意识,将数学学科核心素养的培养贯穿于教学活动的全过程。把握数学内容的本质,扎实地依托课堂,制定突出数学学科核心素养的教学目标,创设和设计有利于发展数学学科核心素养的情境和问题,整体把握教学内容,提出合理的问题,启发学生独立思考,鼓励学生与他人交流,让学生积累数学思维的经验,促进数学学科核心素养连续性和阶段性的发展。既要重视教,更要重视学,发展学生自主学习的能力,落实"四基",培养"四能",形成和发展学生数学学科核心素养。

对数学抽象素养的理解

"抽象"是指从众多的事物中抽取出共同的、本质性的特征,而舍弃其非本质的特征的过程。数学源于对现实世界的抽象,基于抽象结构,通过符号运算、形式推理、模型构建等,理解和表达现实世界中事物的本质、关系和规律。在《现代汉语词典》中,抽象有两层含义,从动词角度来看,抽象是从许多事物中,舍弃个别的和非本质的属性,抽出共同的、本质的属性;从形容词角度来看,抽象不能从特定的经验中获得,它是空洞而笼统的。

数学抽象是数学哲学的基本概念,通常指抽取出同类数学对象的共同的本质属性或特征,舍弃其他非本质的属性或特征的思维过程。专家、学者对数学抽象的内涵的理解不尽相同,但都认同的是,它是在特定背景下发现事物存在的一般规律以及结构,使用数学语言进行解释和表达。

一、立足课标,理解数学抽象的内涵

《普通高中数学课程标准(2017 年版 2020 年修订)》中指出,数学抽象是指通过对数量关系与空间形式的抽象,得到数学研究对象的素养。主要包括:从数量与数量关系、图形与图形关系中抽象出数学概念及概念之间的关系,从事物的具体背景中抽象出一般规律和结构,并用数学语言予以表征。(图 1-2-1)

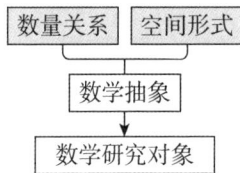

通俗地讲,数学抽象是通过观察、分析,撇开数学对象的外部的、偶然的、非数学的东西,分析与提炼出其本质、内在、必然的东西,从数量关系和空间形式上揭示数学对象的本质和规律的一种数学研究方法。数学抽象反映了数学的本质

图 1-2-1 数学抽象的内涵

特征,是数学六大核心素养的核心,和其他数学核心素养有着紧密的联系,贯穿于数学教学的全过程。

数学抽象是舍去事物的一切物理属性,得到数学研究对象的思维过程,即在数学研究中将抽象结构作为数学学习的基础,利用符号运算、形式推理、模型构建等方法,让学生理解和表达现实世界中事物的本质属性。数学抽象不仅是一种关键能力,更是一种思维品质,一种行为表现。史宁中教授认为,所谓数学的眼光,本质就是抽象,抽象使得数学具有一般性,数学抽象就是从现实世界进入数学内部,让学生学会用数学的眼光看。

二、立足课标,理解数学抽象的表现

《普通高中数学课程标准(2017 年版 2020 年修订)》中指出,数学抽象主要表现为获得数学概念和规则,提出数学命题和模型,形成数学方法与思想,认识数学结构与体系。(图 1-2-2)

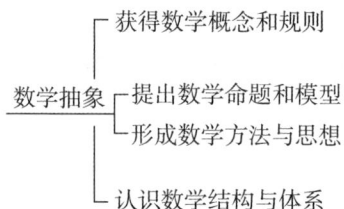

图 1-2-2　数学抽象的表现

其中,获得数学概念和规则,指能在特定的情境中抽象出数学概念和规则,能解释数学概念和规则的含义,能把握研究对象的数学特征并用恰当的语言表达。提出数学命题和模型,指通过抽象建立数学概念的因果关系,理解数学命题的条件和结论,能归纳、推广或形成数学命题。形成数学方法与思想,指通过数学操作程序的抽象,形成数学方法、思想和解决问题的策略,并能够运用或创造数学方法解决问题,在相似的问题中感悟及提炼通法;认识数学结构与体系,指通过对概念、命题、方法和思想的抽象,能够理解和构建相关数学知识之间的关联,感悟高度概括、有序多级的数学知识体系。

课程标准指出,通过数学课程的学习,学生能在情境中抽象出数学概念、命题、方法和体系,积累从具体到抽象的活动经验;养成在日常生活和实践中一般性思考问题的习惯,把握事物的本质,以简驭繁;运用数学抽象的思维方式思考并解决问题。

三、立足课标,理解数学抽象的价值

《普通高中数学课程标准(2017 年版 2020 年修订)》中指出,数学抽象是数学的基本思想,是形成理性思维的重要基础,反映了数学的本质特征,贯穿在数学产生、发展、应用的过程中。数学抽象使得数学成为高度概括、表达准确、结论一般、有序多级的系统,使得数学语言具有准确、简明、严密的特点,成为一种表达学科思想的通用语言和数学思维的最佳载体。数学抽象是数学概念及其关系、法则、公式、规律、结构形成的基础,通过数学课程的学习,学生能在情境中初步抽象出数学概念、方法,运用数学抽象的思维方式思考和解决问题,把握事物的本质。

在数学抽象核心素养的形成过程中,通过积累从具体到抽象的活动经验,学生能更好地理解数学概念、数学命题、数学的方法和体系。通过抽象、概括去认识、理解和把握事物的数学本质,能逐渐养成一般性思考问题的习惯。通过综合运用知识解决实际问题,体会数学与生活以及其他学科之间的联系,能在其他学科的学习中主动运用数学抽象的思维方式。因此,通过培育数学抽象,学生可以很好地理解那些复杂的公式和定理,清楚这些公式和定理的来龙去脉,真正明白其中的含义,在更高的层面上理解数学知识的结构,更好地把握数学知识的本质属性,养成从更一般意义和方法上思考问题的习惯,提升概括抽象能力,促进理性思维的发展与提高。在数学学习过程中,学生只有具备了良好的思维水平和数学抽象素养,才能透过现象看到本质,这对学生来说不仅仅是一个获取知识的过程,也是一个探究发展的过程,对于学生的全面发展都有十分重要的作用和意义。教师可以通过创建适当的数学活动和重视过程评价,让学生独立思考或相互合作,引导学生感悟数学抽象的价值,提高学生的学习兴趣,帮助学生认知自我理性思维的潜能,增强信心,以促进数学抽象素养的形成和发展。

第二章

基于初中教材
关联数学抽象素养

在数学抽象素养理论认知的基础上,研读《普通高中数学课程标准(2017 年版 2020 年修订)》,展开数学抽象素养层级划分研究,形成数学抽象素养的主要表现与水平层级指标体系(表 2-0-1)。教学内容是数学抽象素养培育的附着点,故基于教材并结合初中学段的学生的认知特点,挖掘数学抽象素养与初中数学学科教学内容之间的内在关联,对数学抽象素养的落地至关重要。具体的即依据数学抽象素养的主要表现与水平层级指标体系,在单元设计背景下对初中数学教学内容进行分级分类处理,建立教学内容与数学抽象素养表现及水平的对应关系,为培育学生数学抽象素养孕育知识载体。

表2-0-1 数学抽象素养的主要表现与水平层级指标体系

水平	获得 数学概念和规则	提出 数学命题和模型	形成 数学方法与思想	认识 数学结构与体系
水平一(能够结合实际情境解释相关的抽象概念)	能够在熟悉的情境中直接抽象出数学概念和规则;能够解释数学概念和规则的含义。	能够在特例的基础上归纳并形成简单的数学命题;能够了解数学命题的条件与结论,了解用数学语言表达的推理和论证;能够在熟悉的情境中抽象出数学问题。	能够模仿学过的数学方法解决简单问题;能够在解决相似的问题中感悟数学的通性通法,体会其中的数学思想。	能够了解相关数学知识之间的联系。
水平二(能够用一般的概念解释具体现象)	能够在关联的情境中抽象出一般的数学概念和规则;能够用恰当的例子解释抽象的数学概念和规则。	能够将已知数学命题推广到更一般的情形;能够理解数学命题的条件与结论,理解用数学语言表达的概念、规则、推理和论证;能够在关联的情境中抽象出数学问题。	能够在新的情境中选择和运用数学方法解决问题;能够提炼出解决一类问题的数学方法,理解其中的数学思想。	能够理解和构建相关数学知识之间的联系。
水平三(能够用数学原理解释自然现象和社会现象)	在现实问题中,能够把握研究对象的数学特征,并用准确的数学语言予以表达。	能够在得到的数学结论基础上形成新命题;能够在综合的情境中抽象出数学问题,并用恰当的数学语言予以表达。	能够针对具体问题运用或创造数学方法解决问题;能够感悟通性通法的数学原理和其中蕴含的数学思想。	能够通过数学对象、运算或关系理解数学的抽象结构;能够理解数学结论的一般性,能够感悟高度概括、有序多级的数学知识体系。

数与运算

本知识板块的学习内容包括：在正整数的基础上，学习与"数的整除"有关的知识，对"数"的学习逐步扩展到有理数、实数，并学习它们的相关运算。根据《上海市中小学数学课程标准（试行稿）》，该阶段的教学目标具体体现在理解数的整除性；理解分数、比、有理数和实数的运算法则；学会借助数轴直观认识实数的一些基本特征，并理解实数与数轴上的点的一一对应关系，逐步体会数形结合的数学思想。实数是初中数学的重要学习内容，是进一步研究方程、函数等知识的重要基础。通过实数的学习，学习者应能感悟数的扩充既是客观世界的需要，也是数学发展的需要，从而加深对数学的理性思考。根据《初中数学单元教学设计指南》关于单元规划的建议，选用基于内容主题进行单元规划，本知识板块具体划分为数的整除，分数及其运算，比和比例，有理数的概念及其表示，有理数的运算，实数，科学记数法，共七个单元。

一、数的整除

本单元对应的课本内容为上教版《数学》六年级第一学期第一章"数的整除"①。

基于《上海市初中数学学科教学基本要求》，本单元总体学习内容与要求以及学习水平如下：识别奇数和偶数、素数和合数（A 识记）；了解因数与倍数等概念（A 识记）；说出能被 2、5 整除的正整数的特征（B 理解）；懂得求两个正整数的最小公倍数和最大公因数（B 理解）。具体课时内容如表 2-1-1 所示：

① 本书研究内容的对应课本为上海教育出版社出版的《九年义务教育课本·数学》（六年级至九年级）。

表 2-1-1 "数的整除"课时内容

课序	课时内容
1	整数和整除的意义
2	因数和倍数
3	能被 2、5 整除的数(1)——数的特征
4	能被 2、5 整除的数(2)——判断一个整数是奇数还是偶数
5	素数、合数与分解素因数(1)——素数、合数的概念
6	素数、合数与分解素因数(2)——分解素因数
7	公因数与最大公因数(1)——求两个正整数的公因数和最大公因数的方法
8	公因数与最大公因数(2)——求两个特殊的正整数的公因数和最大公因数的方法
9	公倍数与最小公倍数(1)——求两个正整数的公倍数和最小公倍数的方法
10	公倍数与最小公倍数(2)——求两个特殊的正整数的公倍数和最小公倍数的方法

根据本单元具体的学习内容和要求,以及对应的学习水平,我们将学习内容以"知识与技能(Z)""过程与方法(G)""情感、态度与价值观(Q)"三个维度分解后逐一细化为具体内容,并关联前文所述数学抽象素养的主要表现与水平层级指标进行对应。(表 2-1-2)

表 2-1-2 "数的整除"数学抽象素养主要表现与水平层级

序号	内容与要求	课序	表现	水平
Z01	了解自然数和整数的分类	1	获得数学概念和规则	1
Z02	理解整除的条件,会区分整除和除尽	1	获得数学概念和规则	1
Z03	理解因数和倍数的意义,了解因数和倍数的互相依存关系	2	获得数学概念和规则	1
Z04	知道一个数的因数是有限个,倍数是无限个	2	获得数学概念和规则	1
Z05	掌握能被 2、5 整除的数的特征,理解奇数、偶数的定义	3、4	提出数学命题和模型	1
Z06	通过研究能被 2、5 整除的数的特征,体会由特殊到一般的数学思想	3、4	形成数学方法与思想	2

（续表）

序号	内容与要求	课序	表现	水平
Z07	理解素数、合数、素因数、分解素因数的概念，掌握分解素因数的几种方法，熟练掌握用短除法分解素因数	5、6	获得数学概念和规则	1
Z08	理解整数的多种分类方法，体会分类的思想	5、6	形成数学方法与思想	2
Z09	理解公因数和最大公因数的意义，掌握求两个数的公因数、最大公因数的基本方法	7、8	提出数学命题和模型	2
Z10	理解公倍数和最小公倍数的意义，掌握求两个数的公倍数、最小公倍数的基本方法	9、10	提出数学命题和模型	2
G01	通过选用合理的方法求公因数、公倍数的方法，体会优化的思想	7—10	形成数学方法与思想	2
G02	通过解决实际问题，体会整除在实际生活中的应用	7—10	提出数学命题和模型	2

本单元的学习重点是数的整除。数学抽象素养主要体现在奇数、偶数、素数、合数、因数、倍数等数学概念的形成过程；体现在整除的判定、奇数偶数的判定、素数合数的判定的过程；体现在选用合理的方法求公因数、公倍数等数学方法与思想的形成过程。

二、分数及其运算

本单元对应的课本内容为上教版《数学》六年级第一学期第二章"分数及其运算"。

基于《上海市初中数学学科教学基本要求》，本单元总体学习内容与要求以及学习水平如下：知道分数与除法的关系（A 识记）；了解真分数、假分数、带分数、最简分数等概念（A 识记）；懂得分数的基本性质（B 理解）；掌握分数化小数、有限小数化分数的方法（C 运用）；掌握异分母分数的加减运算以及分数乘除运算（C 运用）；会用分数解决简单的实际问题（C 运用）。具体课时内容如表 2 - 1 - 3 所示：

表2-1-3 "分数及其运算"课时内容

课序	课时内容
1	分数与除法(1)——定义
2	分数与除法(2)——分数在数轴上的表示
3	分数的基本性质(1)——通分
4	分数的基本性质(2)——约分
5	分数的基本性质(3)——通分、约分的应用
6	分数的大小比较(1)——两个分数的大小比较
7	分数的大小比较(2)——三个分数的大小比较
8	分数的加减法(1)——异分母分数加减法法则
9	分数的加减法(2)——带分数和假分数互化
10	分数的加减法(3)——带分数加减法
11	分数的加减法(4)——三个或三个以上的分数加减法
12	分数的加减法(5)——分数加减法的应用
13	分数的乘法(1)——分数的乘法法则
14	分数的乘法(2)——分数的乘法的应用
15	分数的除法(1)——倒数
16	分数的除法(2)——分数的除法法则
17	分数与小数的互化(1)——分数与小数的互化方法
18	分数与小数的互化(2)——循环小数与分数的互化
19	分数、小数的四则混合运算(1)——分数、小数的乘除法运算
20	分数、小数的四则混合运算(2)——分数、小数的四则混合运算
21	分数、小数的四则混合运算(3)——带括号的分数、小数四则混合运算
22	分数运算的应用(1)——分数的加减运用
23	分数运算的应用(2)——分数的乘除运用

　　根据本单元具体的学习内容和要求,以及对应的学习水平,我们将学习内容以"知识与技能(Z)""过程与方法(G)""情感、态度与价值观(Q)"三个维度分解后逐一细化为具体内容,并关联前文所述数学抽象素养的主要表现与水平层级指标进行对应。(表2-1-4)

表2-1-4　"分数及其运算"数学抽象素养主要表现与水平层级

序号	内容与要求	课序	表现	水平
Z01	理解分数与除法的关系	1	获得数学概念和规则	1
Z02	根据分数与除法的关系,会用分数表示除法	1、2	获得数学概念和规则	1
Z03	理解和掌握分数的基本性质	3、4	获得数学概念和规则	1
Z04	利用分数的基本性质进行简单的计算	5	形成数学方法与思想	2
Z05	理解约分、通分,掌握约分、通分的方法并能正确地进行约分、通分	3、4、5	获得数学概念和规则	2
Z06	会利用约分将分数化简	4、5	形成数学方法与思想	2
Z07	会利用通分,将异分母分数化成同分母分数,比较大小,进行加减法运算	6—12	获得数学概念和规则	2
Z08	理解异分母分数加减法的法则	8、9、10	获得数学概念和规则	1
Z09	认识真分数、假分数,了解它们的区别和联系	9	获得数学概念和规则	1
Z10	理解并掌握假分数和带分数互化的方法	9	获得数学概念和规则	2
Z11	理解分数乘法、除法的意义	13、15	获得数学概念和规则	1
Z12	掌握分数乘法、除法的运算法则	13、14、16	获得数学概念和规则	2
Z13	了解倒数的概念和求倒数的方法	15	获得数学概念和规则	1
Z14	学会将有限小数化成分数的方法和分数化成小数的方法	17、18	形成数学方法与思想	2
Z15	掌握分数四则混合运算顺序,并能正确地进行分数四则混合运算	19—21	形成数学方法与思想	2
G01	通过实验总结出能化成有限小数的分数的特点	17、18	形成数学方法与思想	2
G02	将实际问题转化为数学问题,并解决问题	22、23	提出数学命题和模型	3

　　本单元的学习重点是分数的运算。数学抽象素养主要体现在真分数、假分数、带分数、最简分数、倒数等数学概念的形成过程;体现在分数的基本性质、分数的约分和通分、分数的运算法则、可以化为有限小数的分数的特征等数学命题的提出过程和解决过程;体现在将实际问题转化为分数运算的应用问题的数学模型建立过程。

三、比和比例

本单元对应的课本内容为上教版《数学》六年级第一学期第三章"比和比例"。

基于《上海市初中数学学科教学基本要求》,本单元总体学习内容与要求以及学习水平如下:懂得比、百分比、比例的有关概念(B 理解);懂得比的基本性质(B 理解);会用比、百分比、比例解决简单的实际问题(C 运用)。具体课时内容如表 2-1-5 所示:

表 2-1-5 "比和比例"课时内容

课序	课时内容
1	比的意义
2	比的基本性质(1)——化最简整数比
3	比的基本性质(2)——连比
4	比例(1)——解比例
5	比例(2)——比例的应用
6	百分比的意义(1)——百分数和小数互化
7	百分比的意义(2)——百分数和分数互化
8	百分比的应用(1)——百分率
9	百分比的应用(2)——统计图
10	百分比的应用(3)——盈亏率
11	百分比的应用(4)——银行利率
12	等可能事件

根据本单元具体的学习内容和要求,以及对应的学习水平,我们将学习内容以"知识与技能(Z)""过程与方法(G)""情感、态度与价值观(Q)"三个维度分解后逐一细化为具体内容,并关联前文所述数学抽象素养的主要表现与水平层级指标进行对应。(表 2-1-6)

表 2-1-6　"比和比例"数学抽象素养主要表现与水平层级

序号	内容与要求	课序	表现	水平
Z01	理解比的意义,会求比值	1	获得数学概念和规则	1
Z02	通过类比的方法,得到比的基本性质	2、3	获得数学概念和规则	1
Z03	理解比例意义,掌握比例的基本性质	4、5	获得数学概念和规则	2
Z04	理解百分比的意义,会比较两个百分数的大小	6、7	获得数学概念和规则	2
Z05	了解等可能事件的定义	12	获得数学概念和规则	1
G01	将实际问题转化为百分比问题	8—11	提出数学命题和模型	3
G02	会求一个等可能事件的概率	12	提出数学命题和模型	2

本单元的学习重点是学习比和比例的计算方法。数学抽象素养主要体现在比、比例、百分比等数学概念的形成过程;体现在认知比和比例的性质等数学命题的提出过程和解决过程;体现在用百分比和概率解决实际问题的转化过程;体现在由特殊到一般的数学思想的形成过程。

四、有理数的概念及其表示

本单元对应的课本内容为上教版《数学》六年级第二学期第五章"有理数"的第一节"有理数"。

基于《上海市初中数学学科教学基本要求》,本单元总体学习内容与要求以及学习水平如下:理解有理数及其相反数、倒数、绝对值等概念(B 理解);会用数轴上的点表示有理数(C 运用)。具体课时内容如表 2-1-7 所示:

表 2-1-7　"有理数的概念及其表示"课时内容

课序	课时内容
1	有理数的意义
2	数轴(1)——有理数在数轴上的表示
3	数轴(2)——比较大小
4	绝对值

根据本单元具体的学习内容和要求,以及对应的学习水平,我们将学习内容以"知识与技能(Z)""过程与方法(G)""情感、态度与价值观(Q)"三个维度分解后逐一细化为具体内容,并关联前文所述数学抽象素养的主要表现与水平层级指标进行对应。(表2-1-8)

表2-1-8 "有理数的概念及其表示"数学抽象素养主要表现与水平层级

序号	内容与要求	课序	表现	水平
Z01	理解有理数的概念	1	获得数学概念和规则	1
Z02	理解倒数、相反数、绝对值的概念	2、3、4	获得数学概念和规则	2
Z03	会用数轴上的点表示有理数	2	提出数学命题和模型	2
Z04	会利用数轴进行数的大小比较	3	提出数学命题和模型	2
G01	经历利用数轴上的点来表示数,从而得到有理数的绝对值,体会数形结合的数学思想方法	2、4	形成数学方法与思想	3
G02	经历利用数轴进行大小比较的过程,体会数形结合的数学思想方法	3	形成数学方法与思想	3

本单元的学习重点是有理数的意义,内容涉及数的扩张。数学抽象素养主要体现在对于数的认识由原来的正数和零扩展到负数,把整数集扩充到有理数集等数学概念的形成过程;体现在由整数和分数的绝对值及有理数可以用数轴上的点来表示,从而得到有理数的绝对值的"数形结合"的数学思想方法的形成过程。

五、有理数的运算

本单元对应的课本内容为上教版《数学》六年级第二学期第五章"有理数"的第二节"有理数的运算"。

基于《上海市初中数学学科教学基本要求》,本单元总体学习内容与要求以及学习水平如下:理解有理数四则运算的法则的意义(B理解);能根据有理数的四则运算法则熟练地进行运算(C运用);运用有理数的运算解决实际生活中的问题,体会有理数的运算法则在实际生活中的应用(C运用)。具体课时内容如表2-1-9所示:

表 2-1-9 "有理数的运算"课时内容

课序	课时内容
1	有理数的加法(1)——有理数加法法则
2	有理数的加法(2)——有理数加法的运算律
3	有理数的减法
4	有理数的乘法(1)——有理数乘法法则
5	有理数的乘法(2)——有理数乘法运算律
6	有理数的除法
7	有理数的乘方
8	有理数的混合运算(1)——有理数混合运算法则
9	有理数的混合运算(2)——有理数混合运算的应用

根据本单元具体的学习内容和要求,以及对应的学习水平,我们将学习内容以"知识与技能(Z)""过程与方法(G)""情感、态度与价值观(Q)"三个维度分解后逐一细化为具体内容,并关联前文所述数学抽象素养的主要表现与水平层级指标进行对应。(表 2-1-10)

表 2-1-10 "有理数的运算"数学抽象素养主要表现与水平层级

序号	内容与要求	课序	表现	水平
Z01	理解有理数加法的运算法则	1、2	获得数学概念和规则	1
Z02	理解有理数减法的运算法则	3	获得数学概念和规则	1
Z03	理解有理数乘法的运算法则	4、5	获得数学概念和规则	1
Z04	理解有理数除法的运算法则	6	获得数学概念和规则	1
Z05	理解有理数乘方的运算法则	7	获得数学概念和规则	1
G01	运用有理数的运算法则进行运算	1—9	形成数学方法与思想	2
G02	通过转化减法运算为加法运算、转化除法运算为乘法运算、转化乘方运算为乘法运算,渗透化归的数学思想	3、6	形成数学方法与思想	2
G03	通过解决实际问题,体会有理数的运算在实际生活中的应用	1—9	形成数学方法与思想	2

（续表）

序号	内容与要求	课序	表现	水平
Q01	在有理数的运算法则的实际应用过程中,进一步认识有理数与现实生活密切相关,体会有理数运算法则在实际生产生活中的应用	1—9	提出数学命题和模型	3

本单元的学习重点是有理数的运算法则。数学抽象素养主要体现在有理数运算法则的形成过程;体现在由有理数加法运算法则推出有理数的减法运算法则、有理数的乘法运算法则推出有理数的除法运算法则的"转化"的数学思想方法的形成过程。

六、实数

本单元对应的课本内容为上教版《数学》七年级第二学期第十二章"实数"。

基于《上海市初中数学学科教学基本要求》,本单元总体学习内容与要求以及学习水平如下:懂得开方及方根的意义(B 理解);懂得实数的概念、实数与数轴上的点一一对应(B 理解);掌握实数的加减、乘除、乘方、开方等运算(C 运用)。具体课时内容如表 2 - 1 - 11 所示:

表 2 - 1 - 11 "实数"课时内容

课序	课时内容
1	实数的概念
2	平方根和开平方(1)——求平方根
3	平方根和开平方(2)——无理数的大小
4	立方根和开立方
5	n 次方根
6	用数轴上的点表示实数
7	实数的运算(1)——实数的加减乘除运算
8	实数的运算(2)——实数的加减乘除运算的应用
9	分数指数幂(1)——方根和幂的互化
10	分数指数幂(2)——方根和幂的混合运算

根据本单元具体的学习内容和要求,以及对应的学习水平,我们将学习内容以"知识与技能(Z)""过程与方法(G)""情感、态度与价值观(Q)"三个维度分解后逐一细化为具体内容,并关联前文所述数学抽象素养的主要表现与水平层级指标进行对应。(表 2-1-12)

表 2-1-12　"实数"数学抽象素养主要表现与水平层级

序号	内容与要求	课序	表现	水平
Z01	体验发现无理数的过程,知道无理数是客观存在的数	1	获得数学概念和规则	1
Z02	通过对比分析,知道无理数是无限不循环小数	1	获得数学概念和规则	2
Z03	会识别一个数是不是无理数	1	获得数学概念和规则	1
Z04	了解数的范围从整数到有理数、再到实数的扩展过程;知道实数的分类,体会分类的思想	1	获得数学概念和规则	1
Z05	了解平方根、立方根、n 次方根产生的背景,理解平方根、立方根、n 次方根的概念	2—5	获得数学概念和规则	2
Z06	理解正平方根与平方根的区别,知道正数的两个平方根之间的关系,理解实数范围内负数没有平方根	2、3	获得数学概念和规则	1
Z07	知道开平方与平方、开立方与立方、开 n 次方与 n 次方是逆运算关系,会根据两者的关系求完全平方数的平方根、完全立方数的立方根、完全 n 次方数的 n 次方根	2—5	获得数学概念和规则	1
Z08	理解 n 次方根的性质,会求一个非负数的偶次方根和一个实数的奇次方根	5	提出数学命题和模型	2
Z09	理解每一个实数都可以用数轴上的一个点来表示,知道数轴上的每一个点都可以用唯一的一个实数来表示,能将一个实数用数轴上大致位置的点表示出来,知道两数各自对应的点在数轴上的位置与这两数的大小关系	6	获得数学概念和规则	1
Z10	知道数的范围扩大后,有理数范围内已有的绝对值、相反数等概念在实数范围内依然成立;会求实数的绝对值、相反数,会对实数的大小进行比较	6	获得数学概念和规则	1

（续表）

序号	内容与要求	课序	表现	水平
Z11	会根据数轴上两点所对应的实数求这两点的距离	6	获得数学概念和规则	1
Z12	知道实数基本运算的意义,知道有理数的运算法则、运算性质以及运算顺序在实数范围内都适用,会根据实数的运算法则、运算性质、运算顺序进行运算	7、8	获得数学概念和规则	1
Z13	会利用 $\sqrt{ab}=\sqrt{a}\cdot\sqrt{b}\,(a\geqslant0,b\geqslant0)$ 和 $\sqrt{\dfrac{a}{b}}=\dfrac{\sqrt{a}}{\sqrt{b}}\,(a\geqslant0,b>0)$ 化简数字算式	7、8	获得数学概念和规则	2
Z14	理解分数指数幂的意义,能将方根转换为分数指数幂的形式,体会转化思想	9	形成数学方法与思想	2
Z15	会用计算器进行实数的运算	2—10	获得数学概念和规则	1
G01	经历无限不循环小数的认识过程,感受逼近思想	1—10	形成数学方法与思想	2
Q01	能运用实数运算方法解决较简单的实际问题	2—10	提出数学命题和模型	3

　　本单元的学习重点是实数的运算法则、性质、顺序规则。数学抽象素养主要体现在平方根、立方根、n 次方根等数学概念的形成过程;体现在平方根、立方根、n 次方根的性质等数学命题的提出过程;体现在平方根、立方根、n 次方根、幂的运算的求解过程;体现在运用实数运算方法解决较简单的实际问题的数学模型建立过程;体现在将方根转换为分数指数幂运算的数学转化方法和思想的形成过程。

七、科学记数法

　　本单元对应的课本内容为上教版《数学》六年级第二学期第五章"有理数"的"5.10 科学记数法",七年级第二学期第十二章"实数"的"12.6 实数的运算(2)"。

　　基于《上海市初中数学学科教学基本要求》,本单元总体学习内容与要求以及学习水平如下:知道科学记数法的定义(A 识记);理解科学记数法的意义(B

理解);会用科学记数法表示较大的数(C 运用)。具体课时内容如表 2－1－13 所示:

表 2－1－13　"科学记数法"课时内容

课序	课时内容
1	科学记数法
2	近似数、精确度、有效数字

根据本单元具体的学习内容和要求,以及对应的学习水平,我们将学习内容以"知识与技能(Z)""过程与方法(G)""情感、态度与价值观(Q)"三个维度分解后逐一细化为具体内容,并关联前文所述数学抽象素养的主要表现与水平层级指标进行对应。(表 2－1－14)

表 2－1－14　"科学记数法"数学抽象素养主要表现与水平层级

序号	内容与要求	课序	表现	水平
Z01	理解科学记数法的意义	1	获得数学概念和规则	1
Z02	会用科学记数法表示一个数	1	获得数学概念和规则	1
Z03	知道准确数、近似数、精确度、有效数字等的含义,掌握表述近似数精确度的两种方法,会按指定精确度取近似值	2	获得数学概念和规则	1

本单元的学习重点是科学记数法、近似数和有效数字。数学抽象素养主要体现在科学记数法、近似数、精确度、有效数字等概念的形成过程;体现在将一个生活中的数用科学记数法表示的应用过程;体现在会将一个数按指定精确度取近似值的过程。

整式、分式与二次根式

　　本知识板块的学习内容包括整式、分式和二次根式。根据《上海市中小学数学课程标准（试行稿）》，该阶段教学目标具体体现在掌握简单的整式、分式和二次根式的基本运算与变形。代数式是采用字母表示数，并以数的运算性质为依据来进行数、字母以及字母表达式的运算，它既是对"数的运算"在认识上的一次飞跃，也是进一步学习方程、函数等知识所必须具备的基础。根据《初中数学单元教学设计指南》关于单元规划的建议，选用基于内容主题进行单元规划，本知识板块具体划分为整式的概念，整式的运算，因式分解，分式，二次根式与分数指数幂，共五个单元。

一、整式的概念

　　本单元对应的课本内容为上教版《数学》七年级第一学期第九章"整式"的第一节"整式的概念"。

　　基于《上海市初中数学学科教学基本要求》，本单元总体学习内容与要求以及学习水平如下：说出用字母表示数的意义（A 识记）；懂得代数式的有关概念（B 理解）；懂得将文字语言与作为符号语言的代数式互相转换（C 运用）；会求代数式的值（C 运用）。具体课时内容如表 2－2－1 所示：

表 2－2－1　"整式的概念"课时内容

课序	课时内容
1	字母表示数
2	代数式

（续表）

课序	课时内容
3	代数式的值
4	整式

根据本单元具体的学习内容和要求，以及对应的学习水平，我们将学习内容以"知识与技能（Z）""过程与方法（G）""情感、态度与价值观（Q）"三个维度分解后逐一细化为具体内容，并关联前文所述数学抽象素养的主要表现与水平层级指标进行对应。（表 2 - 2 - 2）

表 2 - 2 - 2　"整式的概念"数学抽象素养主要表现与水平层级

序号	内容与要求	课序	表现	水平
Z01	理解字母表示数的意义	1	获得数学概念和规则	1
Z02	会用字母替代一些简单问题中的数	1	形成数学方法与思想	1
Z03	理解代数式的概念	2	获得数学概念和规则	1
Z04	初步掌握列代数式的方法；能根据要求，正确列出相应的代数式	2	形成数学方法与思想	1
Z05	理解代数式的值的概念	3	获得数学概念和规则	1
Z06	能根据所给数据求代数式的值	3	形成数学方法与思想	1
Z07	理解单项式、多项式和整式中的有关概念	4	获得数学概念和规则	1
Z08	知道"指数"与"次数"的联系与区别，能写出单项式中的系数	4	获得数学概念和规则	2
Z09	会把多项式按某一字母进行升幂或降幂排列	4	形成数学方法与思想	1
G01	经历用字母表示一些常见的数或量的过程，领会字母表示数的数学思想	1	形成数学方法与思想	2
G02	经历列代数式的过程，再次体验字母表示数的数学思想，初步掌握文字语言与数学式子表述之间的转换	2	形成数学方法与思想	2
Q01	领悟字母"代"数的数学思想，提高数学语言表达能力	3	形成数学方法与思想	3

本单元的学习重点是整式的有关概念。数学抽象素养主要体现在字母表示数的意义、代数式、代数式的值等数学概念的形成过程;体现在会用字母替代一些简单问题中的数,能根据所给数据求代数式的值,体验字母表示数的数学思想,初步掌握文字语言与数学式子表述之间的转换等数学方法与思想的形成过程。

二、整式的运算

本单元对应的课本内容为上教版《数学》七年级第一学期第九章"整式"的第二节"整式的加减",第三节"整式的乘法",第四节"乘法公式",第六节"整式的除法"。

基于《上海市初中数学学科教学基本要求》,本单元总体学习内容与要求以及学习水平如下:掌握整式的加、减、乘、除及乘方的运算法则(C 运用);掌握平方差公式、完全平方公式(C 运用)。具体课时内容如表 2-2-3 所示:

表 2-2-3 "整式的运算"课时内容

课序	课时内容
1	合并同类项
2	整式的加减
3	同底数幂的乘法
4	幂的乘方
5	积的乘方
6	整式的乘法(1)——单项式乘以单项式
7	整式的乘法(2)——单项式乘以多项式
8	整式的乘法(3)——多项式乘以多项式
9	平方差公式
10	完全平方公式
11	同底数幂的除法
12	单项式除以单项式
13	多项式除以单项式

根据本单元具体的学习内容和要求,以及对应的学习水平,我们将学习内容

以"知识与技能(Z)""过程与方法(G)""情感、态度与价值观(Q)"三个维度分解后逐一细化为具体内容,并关联前文所述数学抽象素养的主要表现与水平层级指标进行对应。(表2-2-4)

表2-2-4 "整式的运算"数学抽象素养主要表现与水平层级

序号	内容与要求	课序	表现	水平
Z01	理解同类项的概念	1	获得数学概念和规则	1
Z02	会利用加法的交换律、结合律,乘法对加法的分配律合并同类项	1	形成数学方法与思想	1
Z03	掌握先合并同类项,再求代数式值的方法	1	形成数学方法与思想	1
Z04	掌握整式的加减运算	2	形成数学方法与思想	1
Z05	理解同底数幂相乘的概念	3	获得数学概念和规则	1
Z06	掌握同底数幂相乘的法则,能熟练地进行同底数幂相乘的运算	3	形成数学方法与思想	1
Z07	理解幂的乘方、积的乘方的意义	4、5	获得数学概念和规则	1
Z08	掌握幂的乘方的法则,能熟练地进行幂的乘方的运算	4	形成数学方法与思想	1
Z09	会运用积的乘方法则进行有关的计算	5	形成数学方法与思想	1
Z10	理解单项式与单项式相乘、单项式与多项式相乘、多项式与多项式相乘的法则	6、7、8	获得数学概念和规则	1
Z11	会运用以上法则熟练地进行整式的乘法运算	6、7、8	形成数学方法与思想	1
Z12	理解平方差公式、完全平方公式的意义	9、10	获得数学概念和规则	1
Z13	熟悉平方差公式和完全平方公式的特征,掌握平方差公式和完全平方公式的简单运用	9、10	形成数学方法与思想	1
Z14	掌握同底数幂的除法法则及零指数幂的规定	11	获得数学概念和规则	1
Z15	理解单项式除以单项式的意义和作用	12	获得数学概念和规则	1
Z16	掌握单项式除以单项式、多项式除以单项式的法则和运用	12、13	形成数学方法与思想	1
G01	由有理数去括号法则类比学习整式的去括号法则	2	形成数学方法与思想	2

（续表）

序号	内容与要求	课序	表现	水平
G02	经历探究同底数幂相乘法则、幂的乘方法则、积的乘方法则的过程，感知从特殊到一般的数学思想方法	3、4、5	形成数学方法与思想	2
G03	通过与有理数乘法的分配律进行类比，加深对这些法则的理解	8	形成数学方法与思想	2
G04	经历平方差公式和完全平方公式的探求过程，知道平方差公式、完全平方公式与多项式乘法法则的关系	9、10	形成数学方法与思想	2
G05	经历同底数幂的除法法则与同底数幂的乘法法则比较的过程，从而获得同底数幂的除法法则	11	形成数学方法与思想	2
G06	经历单项式除以单项式、多项式除以单项式的过程，领悟数学的化归思想	12、13	形成数学方法与思想	2

本单元的学习重点是整式的运算。数学抽象素养主要体现在同类项、同底数幂的乘法、幂的乘方、积的乘方、乘法公式等数学概念的形成过程；体现在会利用加法的交换律、结合律，乘法对加法的分配律合并同类项，会运用同底数幂的乘法、幂的乘方、积的乘方法则进行有关的计算，掌握平方差公式和完全平方公式的简单运用等数学方法与思想的形成过程。

三、因式分解

本单元对应的课本内容为上教版《数学》七年级第一学期第九章"整式"的第五节"因式分解"。

基于《上海市初中数学学科教学基本要求》，本单元总体学习内容与要求以及学习水平如下：会用提取公因式法、分组分解法、公式法和十字相乘法等方法分解因式（C运用）。具体课时内容如表2-2-5所示：

表2-2-5 "因式分解"课时内容

课序	课时内容
1	提取公因式法(1)——单项式
2	提取公因式法(2)——多项式
3	公式法(1)——平方差公式
4	公式法(2)——完全平方公式
5	十字相乘法
6	分组分解法

　　根据本单元具体的学习内容和要求,以及对应的学习水平,我们将学习内容以"知识与技能(Z)""过程与方法(G)""情感、态度与价值观(Q)"三个维度分解后逐一细化为具体内容,并关联前文所述数学抽象素养的主要表现与水平层级指标进行对应。(表2-2-6)

表2-2-6 "因式分解"数学抽象素养主要表现与水平层级

序号	内容与要求	课序	表现	水平
Z01	理解因式分解的意义,知道因式分解与整式乘法的互逆关系	1	获得数学概念和规则	2
Z02	理解多项式的公因式的概念	1、2	获得数学概念和规则	1
Z03	掌握用提取公因式法分解因式	1、2	形成数学方法与思想	2
Z04	理解整式乘法公式在因式分解中的作用	3、4	获得数学概念和规则	2
Z05	掌握运用公式法分解因式	3、4	形成数学方法与思想	2
Z06	理解十字相乘的概念	5	获得数学概念和规则	1
Z07	掌握用十字相乘法分解二次项系数为1的二次三项式的方法	5	形成数学方法与思想	1
Z08	理解分组分解法的概念	6	获得数学概念和规则	1
Z09	掌握用分组分解法分解含有四项的多项式	6	形成数学方法与思想	1
Q01	经历整式乘法和因式分解方法的学习过程,进一步体验数学内容中普遍存在的变化、相互联系和相互转化的规律,体会辩证唯物主义观点	1—6	形成数学方法与思想	3

本单元的学习重点是因式分解的基本方法。数学抽象素养主要体现在因式分解的意义、多项式的公因式、十字相乘、分组分解等数学概念的形成过程;体现在会用提取公因式法、分组分解法、公式法和十字相乘法等数学方法与思想的形成过程。

四、分式

本单元对应的课本内容为上教版《数学》七年级第一学期第十章"分式"。

基于《上海市初中数学学科教学基本要求》,本单元总体学习内容与要求以及学习水平如下:辨别分式的有关概念,懂得分式的基本性质(B 理解);掌握分式的加、减、乘、除运算法则(C 运用)。具体课时内容如表 2-2-7 所示:

表 2-2-7 "分式"课时内容

课序	课时内容
1	分式的意义
2	分式的基本性质
3	分式的乘除
4	分式的加减(1)——同分母
5	分式的加减(2)——异分母
6	可以化成一元一次方程的分式方程
7	整数指数幂及其运算

根据本单元具体的学习内容和要求,以及对应的学习水平,我们将学习内容以"知识与技能(Z)""过程与方法(G)""情感、态度与价值观(Q)"三个维度分解后逐一细化为具体内容,并关联前文所述数学抽象素养的主要表现与水平层级指标进行对应。(表 2-2-8)

表 2-2-8 "分式"数学抽象素养主要表现与水平层级

序号	内容与要求	课序	表现	水平
Z01	理解分式的概念	1	获得数学概念和规则	1

（续表）

序号	内容与要求	课序	表现	水平
Z02	会求分式中字母的取值范围以及分式的值为零时字母的取值	1	形成数学方法与思想	1
Z03	类比分数的基本性质,掌握分式的基本性质	2	提出数学命题和模型	2
Z04	类比分数的约分,理解分式约分的意义	2	获得数学概念和规则	2
Z05	掌握分式约分的基本方法	2	形成数学方法与思想	1
Z06	类比分数乘除法,概括出分式乘除的运算法则	3	提出数学命题和模型	2
Z07	掌握同分母、异分母分式加减法的运算法则	4、5	提出数学命题和模型	2
Z08	理解分式方程及可化为一元一次方程的分式方程的意义	6	获得数学概念和规则	1
Z09	知道解分式方程时可能产生增根的原因,并掌握解分式方程的验根方法	6	形成数学方法与思想	1
Z10	理解整数指数幂的意义,掌握正整数指数幂的运算法则	7	获得数学概念和规则	1
Z11	会用科学记数法表示绝对值小于1的数	7	形成数学方法与思想	1
G01	通过具体问题的练习,掌握分式的乘法、除法的运算法则,体会化归与转化的数学思想	3	形成数学方法与思想	2
G02	通过学习分式方程的解法,理解解分式方程的基本思想,领悟把分式方程整式化的数学思想	6	形成数学方法与思想	2

本单元的学习重点是分式的运算和整数指数幂的运算。数学抽象素养主要体现在分式、分式的基本性质、约分、整数指数幂等数学概念的形成过程;体现在类比分数的基本性质,掌握分式的基本性质,类比分数乘除法,概括出分式乘除的运算法则等数学命题的提出过程;体现在分式乘除的运算法则,同分母、异分母分式加减法的运算法则,解分式方程的验根方法,会用科学记数法表示绝对值小于1的数等数学方法与思想的形成过程。

五、二次根式与分数指数幂

本单元对应的课本内容为上教版《数学》八年级第一学期第十六章"二次根式"的第一节"二次根式的概念和性质"、第二节"二次根式的运算"和七年级第二学期第十二章"实数"的"12.7 分数指数幂"。

基于《上海市初中数学学科教学基本要求》,本单元总体学习内容与要求以及学习水平如下:辨别根式及二次根式、最简二次根式、同类二次根式等概念(B理解);掌握二次根式的性质(C 运用);掌握二次根式的加、减、乘、除运算法则(C运用);懂得分数指数幂的概念(B 理解);会用分数指数幂的性质进行计算或化简(C 运用)。具体课时内容如表 2-2-9 所示:

表 2-2-9 "二次根式与分数指数幂"课时内容

课序	课时内容
1	二次根式(1)——概念
2	二次根式(2)——性质
3	最简二次根式
4	同类二次根式
5	二次根式的加法和减法
6	二次根式的乘法和除法
7	分母有理化
8	混合运算
9	分数指数幂的概念
10	有理数指数幂的运算性质

根据本单元具体的学习内容和要求,以及对应的学习水平,我们将学习内容以"知识与技能(Z)""过程与方法(G)""情感、态度与价值观(Q)"三个维度分解后逐一细化为具体内容,并关联前文所述数学抽象素养的主要表现与水平层级指标进行对应。(表 2-2-10)

表2－2－10 "二次根式与分数指数幂"数学抽象素养主要表现与水平层级

序号	内容与要求	课序	表现	水平
Z01	理解二次根式的概念,理解$\sqrt{a}$有意义的条件	1	获得数学概念和规则	1
Z02	会根据二次根式有意义求被开方数中字母的取值范围	1	形成数学方法与思想	1
Z03	理解二次根式的基本性质	1、2	获得数学概念和规则	1
Z04	会利用二次根式的性质化简简单的二次根式	1、2	形成数学方法与思想	1
Z05	理解最简二次根式和同类二次根式的概念	3、4	获得数学概念和规则	1
Z06	会判别最简二次根式,并会将非最简二次根式化为最简二次根式	3	形成数学方法与思想	1
Z07	会判断几个二次根式是否为同类二次根式	4	形成数学方法与思想	1
Z08	类比整式的加减运算,归纳二次根式加减的过程	5	提出数学命题和模型	1
Z09	理解分母有理化的意义	7	获得数学概念和规则	1
Z10	会寻找合适的有理化因式将分母有理化	7	形成数学方法与思想	1
Z11	掌握二次根式的运算顺序,会进行二次根式的加减乘除混合运算	5—8	形成数学方法与思想	1
Z12	理解分数指数幂的意义	9	获得数学概念和规则	1
Z13	能将方根转换为分数指数幂的形式,体会转化思想	9	形成数学方法与思想	1
Z14	能在简单运算中运用有理数指数幂的运算性质进行计算	10	提出数学命题和模型	1
G01	经历归纳等式$\sqrt{a^2}=|a|$的过程,体会数学知识之间的联系及其表达形式的转换	1	形成数学方法与思想	2
G02	经历最简二次根式和同类二次根式的概括过程,体会比较与分析的思维方法	3、4	形成数学方法与思想	2
G03	通过合并同类二次根式,体会类比与迁移的认知方法	4	形成数学方法与思想	2
G04	认识二次根式运算与整式、分式运算之间的联系,建立由整式、分式、二次根式构成的代数式知识基础,体会化归思想	5—8	认识数学结构与体系	1

（续表）

序号	内容与要求	课序	表现	水平
Q01	在从数字到代数式、从不含字母的"数字式"运算到代数式运算的过程经历中,体会字母"代"数的思想;通过解决简单的实际问题以及解一元一次方程和一元一次不等式,体会二次根式的运用	5—8	形成数学方法与思想	3

本单元的学习重点是二次根式的性质,二次根式的加、减、乘、除及其混合运算,分数指数幂的性质。数学抽象素养主要体现在二次根式、最简二次根式、同类二次根式、分数指数幂等数学概念的形成过程;体现在归纳二次根式加减的过程,归纳有理数指数幂运算性质等数学命题的提出过程和解决二次根式简单实际问题的数学模型建立过程;体现在会利用二次根式的性质化简简单的二次根式,会判别最简二次根式,并会将非最简二次根式化为最简二次根式,会进行二次根式的加减乘除混合运算,能在简单运算中运用有理数指数幂的运算性质进行计算等数学方法与思想的形成过程。

方程（组）与一次不等式（组）

本知识板块的学习内容包括一次方程（组）和一次不等式（组）、一元二次方程和简单的代数方程。根据《上海市中小学数学课程标准（试行稿）》，该阶段教学目标具体体现在理解方程（组）和方程（组）的解的概念；会解方程（组）与一次不等式（组）；会建立恰当的代数方程解决问题，体会方程的应用价值。方程（组）与一次不等式（组）是中学数学的核心内容，是解决现实世界中数量之间相等或不等关系的有力工具，也是其他学科学习研究的必要工具，在许多领域的实践与研究中有着广泛的应用。根据《初中数学单元教学设计指南》关于单元规划的建议，选用基于内容主题进行单元规划，本知识板块具体划分为一次方程（组）和一次不等式（组），一元二次方程，简单的代数方程，共三个单元。

一、一次方程（组）和一次不等式（组）

本单元对应的课本内容为上教版《数学》六年级第二学期第六章"一次方程（组）"。

基于《上海市初中数学学科教学基本要求》，本单元总体学习内容与要求以及学习水平如下：理解一次方程（组）和它的解的概念（B 理解）；理解不等式及其基本性质（B 理解）；理解一次不等式（组）及其解集的有关概念（B 理解）；会解一元一次方程、二元一次方程组、一次不等式（组）（C 运用）；初步会解三元一次方程组（B 理解）；初步能列一次方程（组）解决简单的实际问题（B 理解）。具体课时内容如表 2-3-1 所示：

表 2 - 3 - 1 "一次方程(组)和一次不等式(组)"课时内容

课序	课时内容
1	列方程
2	方程的解
3	一元一次方程及其解法
4	一元一次方程的应用
5	不等式及其性质
6	一元一次不等式的解法
7	一元一次不等式组
8	二元一次方程
9	二元一次方程组及其解法
10	三元一次方程组及其解法
11	一次方程组的应用

根据本单元具体的学习内容和要求,以及对应的学习水平,我们将学习内容以"知识与技能(Z)""过程与方法(G)""情感、态度与价值观(Q)"三个维度分解后逐一细化为具体内容,并关联前文所述数学抽象素养的主要表现与水平层级指标进行对应。(表 2 - 3 - 2)

表 2 - 3 - 2 "一次方程(组)和一次不等式(组)"数学抽象素养主要表现与水平层级

序号	内容与要求	课序	表现	水平
Z01	理解方程和方程组的有关概念	1、2	获得数学概念和规则	1
Z02	能判别一元一次方程、二元一次方程、二元一次方程组和三元一次方程组	3、8、9、10	获得数学概念和规则	2
Z03	初步掌握运用"化归"思想解二元一次方程组和三元一次方程组,掌握"消元法"	9、10	形成数学方法与思想	1
Z04	理解不等式的基本性质以及一元一次不等式的有关概念	5、6	提出数学命题和模型	1
Z05	能与解一元一次方程进行类比,熟练地解一元一次不等式,并会用数轴表示不等式的解集	6	形成数学方法与思想	1

（续表）

序号	内容与要求	课序	表现	水平
Z06	理解一元一次不等式组的概念	7	获得数学概念和规则	1
Z07	能熟练地解一次不等式组	7	形成数学方法与思想	1
G01	经历运用等式的性质和有理数的运算律探索在有理数的范围内解一元一次方程的过程，熟练掌握一元一次方程的解法	3	形成数学方法与思想	1
G02	通过举例分析的方法，初步了解字母"代"数的意义，经历将实际问题抽象为代数方程，初步掌握用代数方法解应用题的基本步骤，认识方程模型，会用方程的思想处理简单的实际问题，即列简单的一次方程（组）解应用题	4、11	提出数学命题和模型	3
Q01	通过实例以及解决实际问题的过程，体验不等式是解决实际问题的有力工具，并对不等式的模型有初步了解	6、7	形成数学方法与思想	2

　　本单元的学习重点是一元一次方程、二元一次方程组、一元一次不等式（组）的解法及列一次方程（组）解应用题。数学抽象素养主要体现在方程和方程组、一次方程（组）、一次不等式（组）等数学概念的形成过程；体现在不等式性质等数学命题的提出过程和用代数方法解决实际问题的数学模型建立过程；体现在归纳总结一次方程（组）以及一次不等式（组）解法的过程，利用方程思想解决实际问题等数学方法与思想的形成过程。

二、一元二次方程

　　本单元对应的课本内容为上教版《数学》八年级第一学期第十七章"一元二次方程"。

　　基于《上海市初中数学学科教学基本要求》，本单元总体学习内容与要求以及学习水平如下：理解一元二次方程的概念（B 理解），会利用直接开平方法、因式分解法、配方法求解一元二次方程（C 运用），懂得一元二次方程的根的判别式及其与方程实根个数之间的关系（B 理解）；掌握一元二次方程的求根公式（C 运用）；会用公式法对二次三项式在实数范围内进行因式分解（C 运用）。具体课时内容如表2-3-3所示：

表2-3-3 "一元二次方程"课时内容

课序	课时内容
1	一元二次方程的概念
2	一元二次方程的解法
3	一元二次方程根的判别式
4	一元二次方程的应用

根据本单元具体的学习内容和要求,以及对应的学习水平,我们将学习内容以"知识与技能(Z)""过程与方法(G)""情感、态度与价值观(Q)"三个维度分解后逐一细化为具体内容,并关联前文所述数学抽象素养的主要表现与水平层级指标进行对应。(表2-3-4)

表2-3-4 "一元二次方程"数学抽象素养主要表现与水平层级

序号	内容与要求	课序	表现	水平
Z01	理解一元二次方程的有关概念	1	获得数学概念和规则	1
Z02	知道一元二次方程的根的个数情况	1	获得数学概念和规则	1
Z03	会用开平方法、因式分解法解特殊的一元二次方程	2	形成数学方法与思想	2
Z04	理解用配方法解一元二次方程的思路,会用配方法解一元二次方程	2	形成数学方法与思想	2
Z05	掌握求根公式,会用公式法解一元二次方程	2	形成数学方法与思想	2
Z06	理解一元二次方程的根的判别式的意义,会用判别式判断一元二次方程根的情况,能根据一元二次方程根的情况确定判别式的值的符号	3	提出数学命题和模型	2
Z07	理解二次三项式的因式分解与一元二次方程的根之间的内在联系,会在实数范围内对二次三项式进行因式分解	4	形成数学方法与思想	3

（续表）

序号	内容与要求	课序	表现	水平
G01	经历探索一元二次方程解法的过程，体验从特殊到一般，从具体到抽象的思考方法，领会"化归"思想和"降次"策略	2	形成数学方法与思想	3
Q01	会列一元二次方程解决简单的实际问题，体会方程思想和方程模型	4	形成数学方法与思想	2

本单元的学习重点是一元二次方程的解法。数学抽象素养主要体现在一元二次方程以及根的个数情况等数学概念的形成过程；体现在一元二次方程根的判别式等数学命题的提出过程；体现在把求根公式在实数范围内对二次三项式进行因式分解的创造性使用；在探索一元二次方程解法中的化归思想，列一元二次方程解应用题的方程思想等数学方法与思想的形成过程。

三、简单的代数方程

本单元对应的课本内容为上教版《数学》七年级第一学期第十章"分式"的"10.5 可化为一元一次方程的分式方程"，八年级第二学期第二十一章"代数方程"。

基于《上海市初中数学学科教学基本要求》，本单元总体学习内容与要求以及学习水平如下：理解整式方程、分式方程、无理方程和二元二次方程组的概念（B 理解）；初步会解含有一个字母系数且次数不超过 2 的一元整式方程以及二项方程（B 理解）；掌握分式方程、无理方程和二元二次方程组的解法（C 运用）；会用一元二次方程、分式方程等解决简单的实际问题（C 运用）。具体课时内容如表 2-3-5 所示：

表 2-3-5 "简单的代数方程"课时内容

课序	课时内容
1	一元整式方程
2	二项方程
3	可化为一元一次方程或一元二次方程的分式方程

（续表）

课序	课时内容
4	无理方程
5	二元二次方程和方程组
6	二元二次方程组的解法
7	列方程（组）解应用题

根据本单元具体的学习内容和要求，以及对应的学习水平，我们将学习内容以"知识与技能（Z）""过程与方法（G）""情感、态度与价值观（Q）"三个维度分解后逐一细化为具体内容，并关联前文所述数学抽象素养的主要表现与水平层级指标进行对应。（表2-3-6）

表2-3-6 "简单的代数方程"数学抽象素养主要表现与水平层级

序号	内容与要求	课序	表现	水平
Z01	知道一元整式方程的概念	1	获得数学概念和规则	1
Z02	会解含有字母系数的一元一次方程与一元二次方程，体会分类讨论的思想方法	1	获得数学概念和规则	1
Z03	知道高次方程的概念；会用计算器求二项方程的实数根（近似根）	2	形成数学方法与思想	2
Z04	理解分式方程、无理方程的概念	3、4	获得数学概念和规则	2
Z05	掌握简单的分式方程（组）和简单的无理方程的解法，知道验根是解分式方程（组）和无理方程的重要步骤，掌握验根的基本方法	3、4	形成数学方法与思想	2
Z06	领会分式方程整式化、无理方程有理化的化归思想	3、4	形成数学方法与思想	2
Z07	知道二元二次方程和二元二次方程组的概念	5	获得数学概念和规则	1
Z08	会用代入消元法解由一个二元一次方程与一个二元二次方程所组成的二元二次方程组；会用因式分解法解两个方程中至少有一个容易变形为二元一次方程的二元二次方程组；掌握"消元"和"降次"的基本方法，进一步领会化归思想	6	形成数学方法与思想	2

（续表）

序号	内容与要求	课序	表现	水平
G01	通过列一元整式方程或分式方程（组）、无理方程解决简单的实际问题,增强分析问题、解决问题的能力	7	形成数学方法与思想	2
Q01	经历"问题情境—建立方程模型—求解与解释"的过程,体会方程模型的思想,增强数学应用意识和能力,感受数学的实际应用价值	7	形成数学方法与思想	3

　　本单元的学习重点是简单的分式方程、无理方程、二元二次方程组的解法以及有关方程的基本应用。数学抽象素养主要体现在一元整式方程、分式方程、无理方程以及二元二次方程（组）等数学概念的形成过程;体现在解字母系数方程时的分类讨论思想、解分式方程和无理方程时的化归思想、列方程解应用题的方程思想等数学方法与思想的形成过程。

直线与三角形

　　本知识板块的学习内容包括：学习平行线、三角形等基本几何图形，了解研究平面图形的基本方法，理解基本的几何变换；会画平行线、垂线、角平分线、三角形等基本图形；掌握直线与三角形的基本性质和有关线段的长度、角的度数、三角形的面积等计算方法；会根据所给条件，对简单的几何命题进行推理论证。根据《上海市中小学数学课程标准（试行稿）》，该阶段教学目标具体体现在掌握角、线段的相关概念及画法；掌握平面内两直线位置关系及相关概念；掌握平行线性质和判定；掌握三角形相关概念、全等三角形的判定，灵活运用等腰三角形、直角三角形的有关概念及性质和判定。本单元的学习内容是初中数学学习的主要内容之一，也是平面几何学习的一个基础。通过本单元的学习，可以初步体会数学思维的条理性、严谨性，提高逻辑思维能力；感受数学文字语言、图形语言和符号语言的特点及其关系；初步形成准确、严密、简明的数学表达能力。根据《初中数学单元教学设计指南》关于单元规划的建议，基于内容主题进行单元规划，本知识板块具体划分为线段与角的相关概念，相交直线与平行直线，三角形的有关概念与性质，全等三角形，等腰三角形，直角三角形，共五个单元。

一、线段与角的相关概念

　　本单元对应的课本内容为上教版《数学》六年级第二学期第七章"线段与角的画法"。

　　基于《上海市初中数学学科教学基本要求》，本单元总体学习内容与要求以及学习水平如下：会作一条线段等于已知线段以及线段的和、差、倍及线段的中点（C运用）；会作一个角等于已知角及角的和、差、倍和角的平分线（C运用）；会求一个角的余角、补角(C 运用)。具体课时内容如表 2 - 4 - 1 所示：

表 2 - 4 - 1　"线段与角的相关概念"课时内容

课序	课时内容
1	线段长度的比较
2	画线段的和、差、倍
3	角的概念与表示
4	角的大小比较,画相等的角
5	画角的和、差、倍
6	余角、补角

　　根据本单元具体的学习内容和要求,以及对应的学习水平,我们将学习内容以"知识与技能(Z)""过程与方法(G)""情感、态度与价值观(Q)"三个维度分解后逐一细化为具体内容,并关联前文所述数学抽象素养的主要表现与水平层级指标进行对应。(表 2 - 4 - 2)

表 2 - 4 - 2　"线段与角的相关概念"数学抽象素养主要表现与水平层级

序号	内容与要求	课序	表现	水平
Z01	会借助刻度尺、圆规、量角器等工具画一条线段等于已知线段以及已知线段的和、差、倍	1、2	获得数学概念和规则	1
Z02	懂得线段中点的概念	2	获得数学概念和规则	2
Z03	掌握线段中点的作法	2	获得数学概念和规则	1
Z04	懂得角的概念及其表示方法	3	形成数学方法与思想	1
Z05	掌握比较角的大小的方法	3	提出数学命题和模型	1
Z06	会借助刻度尺、圆规、量角器等工具画一个角等于已知角以及已知角的和、差、倍	4	形成数学方法与思想	1
Z07	懂得角平分线的概念	5	获得数学概念和规则	1
Z08	掌握角平分线的作法	5	获得数学概念和规则	1
Z09	懂得余角、补角的概念	6	获得数学概念和规则	1
Z10	会求一个角的余角和补角	6	提出数学命题和模型	2

（续表）

序号	内容与要求	课序	表现	水平
G01	经历线段与角的画法的对比学习，初步学习数学中的类比思想	1、3、2、5	形成数学方法与思想	2
G02	经历直观与实验操作相结合，初步运用几何作图的基本语句说理表达	1—6	提出数学命题和模型	1
Q01	在中点和角平分线的概念引入和实际应用的过程中，进一步认识数学概念与现实生活密切相关，体验中点和角平分线在实际生活中的应用	2、5	提出数学命题和模型	3

本单元的学习重点是线段与角的有关概念和它的大小比较、计算、画图等。数学抽象素养主要体现在中点和角平分线等数学概念以及直观几何的文字语言表达的形成过程；体现在认知中点、角平分线等数学模型的提出过程；体现在利用数学模型解决实际问题的过程。

二、相交直线与平行直线

本单元对应的课本内容为上教版《数学》七年级第二学期第十三章"相交线、平行线"。

基于《上海市初中数学学科教学基本要求》，本单元总体学习内容与要求以及学习水平如下：理解两条直线相交及相关概念（B理解）；理解两条直线和第三条直线相交所成的角（B理解）；会用平行线性质、平行线判定性质解决简单的几何问题（C运用）。具体课时内容如表2-4-3所示：

表2-4-3 "相交直线与平行直线"课时内容

课序	课时内容
1	邻补角、对顶角
2	垂线（1）
3	垂线（2）
4	同位角、内错角、同旁内角

（续表）

课序	课时内容
5	平行线的判定(1)——同位角相等,两直线平行
6	平行线的判定(2)——内错角相等,两直线平行;同旁内角互补,两直线平行
7	平行线的判定(3)——判定方法的运用
8	平行线的性质(1)——两直线平行,同位角相等
9	平行线的性质(2)——两直线平行,内错角相等;两直线平行,同旁内角互补;平行的传递性
10	平行线的性质(3)——两条平行线间的距离
11	平行线的性质(4)——平行线的性质和判定方法的应用
12	平行线的性质(5)——平行线的性质和判定方法的应用

　　根据本单元具体的学习内容和要求,以及对应的学习水平,我们将学习内容以"知识与技能(Z)""过程与方法(G)""情感、态度与价值观(Q)"三个维度分解后逐一细化为具体内容,并关联前文所述数学抽象素养的主要表现与水平层级指标进行对应。(表2-4-4)

表2-4-4　"相交直线与平行直线"数学抽象素养主要表现与水平层级

序号	内容与要求	课序	表现	水平
Z01	理解领补角与对顶角的有关概念	1	获得数学概念和规则	1
Z02	掌握"对顶角相等"	1	获得数学概念和规则	2
Z03	会用夹角大小来描述两条相交直线的位置特征	2	获得数学概念和规则	1
Z04	知道垂线的概念和性质	2	形成数学方法与思想	1
Z05	会用尺规作已知直线的垂线和线段的垂直平分线	2、3	提出数学命题和模型	1
Z06	掌握同位角、内错角、同旁内角的概念	4	形成数学方法与思想	1
Z07	掌握平行线的判定方法1	5、7	获得数学概念和规则	1
Z08	掌握平行线的判定方法2	6、7	获得数学概念和规则	1
Z09	掌握平行线的判定方法3	6、7	获得数学概念和规则	1
Z10	掌握平行线的性质1	8	提出数学命题和模型	1

（续表）

序号	内容与要求	课序	表现	水平
Z11	掌握平行线的性质2	9	提出数学命题和模型	1
Z12	掌握平行线的性质3	9	提出数学命题和模型	1
Z13	掌握平行的传递性	9	提出数学命题和模型	2
Z14	知道平行线间的距离	10	提出数学命题和模型	2
G01	通过"两条直线相交,有且只有一个交点"的说理,初步感知"反证法"的思想	1	形成数学方法与思想	1
G02	经历"对顶角相等"的直观确认和推理证实,感知逻辑推理方法和过程	1	提出数学命题和模型	1
G03	通过操作、观察、测量等活动认识平行线的判定和性质的过程,逐步形成基础逻辑思维能力	5—10	形成数学方法与思想	2
Q01	运用平行线的判定方法和性质,结合实际解决简单的问题,培养学生分析问题的能力,让学生体验推理表达的过程和方法,体会理性思维精神	11、12	形成数学方法与思想	3

本单元的学习重点是平行线的判定方法和性质,关键是经历动手操作、辨析有关概念的过程,能正确识别两条直线被第三条直线所截得到的同位角、内错角和同旁内角,理解平行线性质和判定之间的关系。数学抽象素养主要体现"两条直线相交有且只有一个交点"的说理,体现在平行线判定和性质的形成过程;体现在利用平行线性质和判定解决实际问题的过程。

三、三角形的有关概念与性质

本单元对应的课本内容为上教版《数学》七年级第二学期第十四章"三角形"的第一节"三角形的有关概念与性质",八年级第一学期第十九章"几何证明"的第一节"命题和证明"。

基于《上海市初中数学学科教学基本要求》,本单元总体学习内容与要求以及学习水平如下:掌握三角形中的有关概念（C 运用）;会用三角形的内角和解决简单的几何问题（C 运用）;理解命题与证明的相关概念（B 理解）;懂得逆命题与

逆定理(B 理解)。具体课时内容如表 2-4-5 所示:

表 2-4-5 "三角形的有关概念与性质"课时内容

课序	课时内容
1	三角形的有关线段
2	三角形的分类
3	三角形的内角和(1)
4	三角形的内角和(2)
5	三角形的内角和(3)
6	命题与证明
7	命题、公理、定理
8	逆命题、逆定理

根据本单元具体的学习内容和要求,以及对应的学习水平,我们将学习内容以"知识与技能(Z)""过程与方法(G)""情感、态度与价值观(Q)"三个维度分解后逐一细化为具体内容,并关联前文所述数学抽象素养的主要表现与水平层级指标进行对应。(表 2-4-6)

表 2-4-6 "三角形的有关概念与性质"数学抽象素养主要表现与水平层级

序号	内容与要求	课序	表现	水平
Z01	三角形任意两边之和大于第三边	1	获得数学概念和规则	2
Z02	懂得三角形的高、中线、角平分线的概念	1	获得数学概念和规则	1
Z03	初步学会画三角形的高、中线、角平分线	2	获得数学概念和规则	1
Z04	知道三角形的三条中线交于一点,三条角平分线交于一点,三条高所在直线交于一点及这些交点的位置情况	2	形成数学方法与思想	1
Z05	掌握三角形的内角和等于180°	3、5	提出数学命题和模型	1
Z06	知道三角形的外角的概念,并知道三角形外角和等于360°	4、5	形成数学方法与思想	1
Z07	懂得三角形外角的性质	4、5	获得数学概念和规则	1

（续表）

序号	内容与要求	课序	表现	水平
Z08	懂得基本的逻辑术语,并懂得演绎推理的规则和规范表达	6—9	获得数学概念和规则	1
Z09	懂得命题、定理、证明的意义	7、8、9	获得数学概念和规则	1
Z10	掌握文字语言,图形语言和符号语言的表述及互相转译	7、8、9	提出数学命题和模型	1
Z11	懂得逆命题和逆定理	9	提出数学命题和模型	1
G01	通过分别观察、比较三角形的边长、角的大小特征,理解三角形的分类;进一步体会分类思想	1、2	形成数学方法与思想	1
G02	经历对三角形内角和进行试验、猜测、说理证实的研究过程,体会直观感知与理性思考的联系和区别,懂得直观结论需要说理证实	3、4、5	提出数学命题和模型	1
G03	通过证明举例的学习和实践,懂得演绎推理的一般规则,初步掌握规范表达的格式;知道分析证题思路的基本方法	5—9	形成数学方法与思想	1
Q01	通过对三角形"三线交点"及位置的探索,让学生感受"数学美"	1、2	形成数学方法与思想	2
Q02	初步学会演绎推理的方法和规范表达,体会理性思维的精神	3—9	形成数学方法与思想	2

本单元的学习重点是三角形的内角和定理及其证明,三角形的任意两边之和大于第三边以及三角形的分类;关键是经历对三角形内角和定理证明的过程,体验图形的分解与组合思想,在研究三角形有关性质的过程中,知道研究三角形一般可以从边和角两个方面入手。数学抽象素养主要体现在"三角形两边之和大于第三边"的说理,体现在基本逻辑术语,文字语言、图形语言和符号语言表述的过程;体现在几何研究的完整过程"实验—归纳—猜想—证明"中。

四、全等三角形

本单元对应的课本内容为上教版《数学》七年级第二学期第十四章"三角形"

的"14.3　全等三角形的概念和性质"和"14.4　全等三角形的判定",八年级第一学期第十九章的"19.2　证明举例""19.4　线段垂直平分线""19.5　角的平分线""19.6　轨迹"和"19.7　直角三角形全等的判定"。

基于《上海市初中数学学科教学基本要求》,本单元总体学习内容与要求以及学习水平如下:知道全等形的概念、全等三角形的有关概念及表示(A 识记);掌握全等三角形的性质(C 运用);掌握全等三角形的判定(包含直角三角形全等的判定);会用三角形全等的判定或性质解决简单的几何问题(C 运用);知道轨迹的意义和三条基本轨迹(A 识记);掌握线段垂直平分线的性质(C 运用);掌握角平分线的性质(C 运用)。具体课时内容如表 2-4-7 所示:

表 2-4-7　"全等三角形"课时内容

课序	课时内容
1	全等三角形的概念与性质
2	画三角形
3	全等三角形的判定方法(1)——"边角边"
4	全等三角形的判定方法(2)——"角边角""角角边"
5	全等三角形的判定方法(3)——"边边边"
6	全等三角形的判定方法(4)——判定方法的运用
7	全等三角形的判定方法(5)——判定方法的运用
8	证明举例(1)
9	证明举例(2)
10	证明举例(3)
11	证明举例(4)
12	证明举例(5)
13	证明举例(6)
14	证明举例(7)
15	线段垂直平分线(1)
16	线段垂直平分线(2)
17	角的平分线(1)
18	角的平分线(2)
19	轨迹(1)

（续表）

课序	课时内容
20	轨迹(2)
21	直角三角形全等的判定

根据本单元具体的学习内容和要求，以及对应的学习水平，我们将学习内容以"知识与技能(Z)""过程与方法(G)""情感、态度与价值观(Q)"三个维度分解后逐一细化为具体内容，并关联前文所述数学抽象素养的主要表现与水平层级指标进行对应。（表 2 - 4 - 8）

表 2 - 4 - 8 "全等三角形"数学抽象素养主要表现与水平层级

序号	内容与要求	课序	表现	水平
Z01	理解全等三角形有关概念和性质，会用符号语言表示全等三角形概念和性质	1	获得数学概念和规则	1
Z02	掌握判定两个三角形全等的基本方法——"边角边""角边角""角角边"和"边边边"	3—7	获得数学概念和规则	1
Z03	能运用三角形全等的性质和判定方法进行简单的逻辑推理	3—14	获得数学概念和规则	1
Z04	通过证明举例的学习和实践，懂得演绎推理的一般规则，初步掌握规范表达的格式	8—14	获得数学概念和规则	2
Z05	会利用全等三角形判定和性质来证明有关线段相等以及两直线平行和垂直的简单问题	8—14	提出数学命题和模型	2
Z06	了解添置辅助线的基本方法，会添置几种常见的辅助线	9—14	形成数学方法与思想	2
Z07	经历线段垂直平分线的性质的发现过程，初步掌握线段垂直平分线的性质定理及其逆定理；能运用线段垂直平分线定理及其逆定理解决简单的几何问题	15、16	获得数学概念和规则	1
Z08	初步掌握角的平分线的性质定理及其逆定理；能运用角的平分线的性质定理及其逆定理解决简单的几何问题	17、18	获得数学概念和规则	1

（续表）

序号	内容与要求	课序	表现	水平
Z09	掌握直角三角形全等的判定定理,会用"H.L"判定直角三角形全等	21	获得数学概念和规则	1
Z10	了解轨迹的意义,知道"线段垂直平分线""角的平分线""圆"三条基本轨迹	19、20	提出数学命题和模型	1
Z11	会用三条基本轨迹解释简单的轨迹问题,并用图形语言表示,会用交轨法进行基本的作图	19、20	提出数学命题和模型	1
G01	证明三角形全等的过程中体会说理表达的严密性	3、4、5	提出数学命题和模型	2
G02	通过对两个三角形全等条件的讨论,领会分类讨论的数学思想	3—7	形成数学方法与思想	2
G03	初步学会演绎推理的方法和规范表达,体会理性思维精神,发展逻辑思维能力	8—14	形成数学方法与思想	2
G04	通过操作实验到演绎推理的数学活动,认识实验归纳和演绎推理的作用	15、16	形成数学方法与思想	2
Q01	通过画三角形的操作活动,探究确定一个三角形所需的条件,体会分类思想,体验独立思考与合作交流的学习过程,感受几何理性之美	1、2	形成数学方法与思想	2

　　本单元的学习重点是掌握全等三角形性质及其判定方法,能用全等三角形性质和判定解决简单的几何问题;关键是经历全等三角形性质和判定的过程,了解"三段论"的推理形式和表达,初步体会几何推理的表达过程。数学抽象素养主要体现"三段论"进行几何说理,体现在基本逻辑术语,文字语言、图形语言和符号语言表述的过程;体现在几何研究的完整过程"实验—归纳—猜想—证明"中。

五、等腰三角形和直角三角形

　　本单元对应的课本内容为上教版《数学》七年级第二学期第十四章的"三角

形"的第三节"等腰三角形",八年级第一学期第十九章的"19.8 直角三角形的性质""19.9 勾股定理"和"19.10 两点间的距离公式"。

基于《上海市初中数学学科教学基本要求》,本单元总体学习内容与要求以及学习水平如下:知道等腰三角形的有关概念(A 识记);掌握等腰三角形的性质和判定(C 运用);掌握直角三角形的有关概念与性质(C 运用);会用勾股定理及逆定理进行推理或计算(C 运用);掌握直角坐标平面内两点间的距离公式(C 运用)。具体课时内容如表 2-4-9 所示:

表 2-4-9 "等腰三角形和直角三角形"课时内容

课序	课时内容
1	等腰三角形的性质
2	等腰三角形的判定(1)
3	等腰三角形的判定(2)
4	等边三角形(1)
5	等边三角形(2)
6	直角三角形性质(1)
7	直角三角形性质(2)
8	直角三角形性质(3)
9	勾股定理(1)
10	勾股定理(2)
11	勾股定理(3)
12	勾股定理(4)
13	两点间距离公式(1)
14	两点间距离公式(2)
15	两点间距离公式(3)

根据本单元具体的学习内容和要求,以及对应的学习水平,我们将学习内容以"知识与技能(Z)""过程与方法(G)""情感、态度与价值观(Q)"三个维度分解后逐一细化为具体内容,并关联前文所述数学抽象素养的主要表现与水平层级指标进行对应。(表 2-4-10)

表2-4-10　"等腰三角形和直角三角形"数学抽象素养主要表现与水平层级

序号	内容与要求	课序	表现	水平
Z01	等边对等角	1	获得数学概念和规则	1
Z02	等腰三角形三线合一	1	获得数学概念和规则	1
Z03	等角对等边	2	获得数学概念和规则	1
Z04	等边三角形三个内角相等且等于60°,三边相等	3	形成数学方法与思想	1
Z05	三个内角相等的三角形是等边三角形	4	提出数学命题和模型	1
Z06	有一个内角等于60°的等腰三角形是等边三角形	5	形成数学方法与思想	1
Z07	直角三角形两锐角互余	6	获得数学概念和规则	1
Z08	直角三角形斜边上的中线等于斜边的一半	6	获得数学概念和规则	1
Z09	直角三角形中,如果一个锐角等于30°,那么它所对的直角边等于斜边的一半	7、8	获得数学概念和规则	1
Z10	直角三角形中,如果一条直角边等于斜边的一半,那么这条直角边所对的角等于30°	7、8	提出数学命题和模型	1
Z11	勾股定理	9—12	形成数学方法与思想	2
Z12	勾股定理的逆定理	11、12	形成数学方法与思想	2
Z13	两点间距离公式	13、14、15	形成数学方法与思想	2
G01	经历用逻辑推理方法推导等腰三角形两个底角相等的性质,体会实验归纳和逻辑推理两种研究方法的联系和区别	1	形成数学方法与思想	2
G02	在运用等腰三角形的判定方法解决实际问题的过程中,获得探究学习和数学应用的体验,增强学习兴趣,提高对数学价值观的认识	2、3	形成数学方法与思想	2
G03	经历等边三角形判定方法的讨论、归纳、说理过程,体会分类讨论的思想,掌握等边三角形的判定方法	4、5	形成数学方法与思想	2
G04	经历探索直角三角形性质的过程,体会研究图形性质的方法	6、7、8	形成数学方法与思想	2

（续表）

序号	内容与要求	课序	表现	水平
G05	掌握勾股定理及其逆定理,能用勾股定理及其逆定理解决基本的有关证明或计算问题	9—12	形成数学方法与思想	2
G06	经历探求坐标平面内两点的距离的过程,体会数形结合的数学思想方法	13、14、15	形成数学方法与思想	2
Q01	了解勾股定理的重要性以及它在人类重大科技发明中的地位,感受人类文明,体会理性精神	9—12	形成数学方法与思想	2
Q02	在勾股定理及其逆定理的学习中,获得"探索—研究—运用—反思"的过程经历,增强数学学习的兴趣和探究学习的意识,激发科学研究的内部动机	9—12	形成数学方法与思想	3

　　本单元的学习重点是等腰三角形的判定和性质、直角三角形的判定和性质、勾股定理等;关键是经历探索研究等腰三角形、直角三角形的判定和性质的过程,充分理解有关判定和性质的条件与结论的关系,并在此基础上灵活运用等腰三角形、直角三角形的性质和判定定理解决有关问题。数学抽象素养主要体现在基本逻辑术语,文字语言、图形语言和符号语言表述的过程;体现在实践中抽象出解决问题的一般方法:"探索—研究—运用—反思"。

相似三角形与锐角的三角比

本知识板块的学习内容包括相似形、比例线段、相似三角形、锐角的三角比和解直角三角形。根据《上海市中小学数学课程标准（试行稿）》，该阶段教学目标具体体现在理解相似形、相似三角形、相似比的概念；理解线段的比及比例线段的有关概念和性质；理解锐角三角比的概念和解直角三角形的意义；掌握平行线分线段成比例定理、相似三角形的判定和性质、特殊锐角三角比的值；会运用相似三角形的判定和性质、锐角的三角比和勾股定理等解决一些简单的实际问题。相似三角形与锐角的三角比是平面几何中的重要组成部分，也是初中数学学习中的重要内容，它是圆、立体几何、解析几何等内容乃至物理学科学习的重要基础。根据《初中数学单元教学设计指南》关于单元规划的建议，选用基于内容主题进行单元规划，本知识板块具体划分为相似形及比例线段，相似三角形，锐角的三角比，解直角三角形，共四个单元。

一、相似形及比例线段

本单元对应的课本内容为上教版《数学》九年级第一学期第二十四章"相似三角形"的第一节"相似形"和第二节"比例线段"。

基于《上海市初中数学学科教学基本要求》，本单元总体学习内容与要求以及学习水平如下：懂得相似形、相似三角形、相似比的概念（B 理解）；懂得线段的比及比例线段的有关概念和性质（B 理解）；掌握三角形一边的平行线的性质和判定（C 运用）；掌握平行线分线段成比例定理（C 运用）。具体课时内容如表 2 - 5 - 1 所示：

表 2-5-1 "相似形及比例线段"课时内容

课序	课时内容
1	放缩与相似形
2	比例线段(1)——合比、等比
3	比例线段(2)——黄金分割
4	三角形一边的平行线(1)——所截线段成比例
5	三角形一边的平行线(2)——所截三角形三边成比例
6	三角形一边的平行线(3)——平行线的判定
7	三角形一边的平行线(4)——三条平行线所截线段成比例

根据本单元具体的学习内容和要求,以及对应的学习水平,我们将学习内容以"知识与技能(Z)""过程与方法(G)""情感、态度与价值观(Q)"三个维度分解后逐一细化为具体内容,并关联前文所述数学抽象素养的主要表现与水平层级指标进行对应。(表 2-5-2)

表 2-5-2 "相似形及比例线段"数学抽象素养主要表现与水平层级

序号	内容与要求	课序	表现	水平
Z01	理解图形的放缩	1	获得数学概念和规则	1
Z02	懂得相似形的概念	1	获得数学概念和规则	1
Z03	理解相似形边、角的关系	1	获得数学概念和规则	1
Z04	理解两条线段的比	2	获得数学概念和规则	1
Z05	理解比例线段	2	获得数学概念和规则	1
Z06	掌握合分比、等比性质	2	获得数学概念和规则	1
Z07	知道三角形面积比与线段比的关系	3	获得数学概念和规则	2
Z08	理解黄金分割的概念	3	获得数学概念和规则	1
Z09	掌握三角形一边的平行线性质定理	4	提出数学命题和模型	1
Z10	掌握三角形一边的平行线的变式运用	4	提出数学命题和模型	2
Z11	掌握三角形一边的平行线性质定理推论	5	提出数学命题和模型	2
Z12	理解重心的概念	5	获得数学概念和规则	1
Z13	掌握三角形一边的平行线判定定理	6	提出数学命题和模型	1

（续表）

序号	内容与要求	课序	表现	水平
Z14	掌握三角形一边的平行线判定定理推论	6	提出数学命题和模型	2
Z15	掌握平行线分线段成比例定理	7	提出数学命题和模型	1
Z16	掌握平行线分线段成比例定理推论	7	提出数学命题和模型	2
G01	会求相似形的角度、边长	1	形成数学方法与思想	1
G02	会用合分比、等比性质证明和计算	2	形成数学方法与思想	2
G03	掌握黄金分割的推导过程及有关计算	3	提出数学命题和模型	2
G04	会用三角形一边的平行线性质定理进行计算	4	形成数学方法与思想	2
G05	会用三角形一边的平行线性质定理推论进行计算	5	形成数学方法与思想	3
G06	会用重心性质进行计算	5	提出数学命题和模型	3
G07	会作一条线段，使它与已知三条线段成比例	7	形成数学方法与思想	1

　　本单元的学习重点是三角形一边的平行线判定定理、平行线分线段成比例定理及推论。数学抽象素养主要体现在图形的放缩，相似形，合分比、等比性质，黄金分割，重心等数学概念的形成过程；体现在认知三角形一边的平行线判定定理，平行线分线段成比例定理及变式等定理的提出和推导的过程，体现在知识的层层推进，数学逻辑的严格论证等数学方法与思想的形成过程。

二、相似三角形

　　本单元对应的课本内容为上教版《数学》九年级第一学期第二十四章"相似三角形"的第三节"相似三角形"。

　　基于《上海市初中数学学科教学基本要求》，本单元总体学习内容与要求以及学习水平如下：掌握相似三角形的判定（包含直角三角形相似的判断）（C 运用）；掌握相似三角形的性质（C 运用）；应用相似三角形的判定和性质解决简单的几何问题（包含在证明基础上的几何计算或实际问题）（D 综合）。具体课时内容如表 2－5－3 所示：

表 2-5-3 "相似形三角形"课时内容

课序	课时内容
1	相似三角形判定(1)——预备定理、两角对应相等
2	相似三角形判定(2)——两边及夹角对应相等
3	相似三角形判定(3)——三边对应相等
4	相似三角形判定(4)——直角三角形相似
5	相似三角形判定(5)——相应的判定举例
6	相似三角形性质(1)——对应中线、高、角平分线成比例
7	相似三角形性质(2)——周长和面积的比与相似比
8	相似三角形性质(3)——相似的性质举例
9	相似三角形性质(4)——相似的性质举例

　　根据本单元具体的学习内容和要求,以及对应的学习水平,我们将学习内容以"知识与技能(Z)""过程与方法(G)""情感、态度与价值观(Q)"三个维度分解后逐一细化为具体内容,并关联前文所述数学抽象素养的主要表现与水平层级指标进行对应。(表 2-5-4)

表 2-5-4 "相似形三角形"数学抽象素养主要表现与水平层级

序号	内容与要求	课序	表现	水平
Z01	理解相似三角形、相似比的含义	1	获得数学概念和规则	1
Z02	知道相似三角形的传递性	1	获得数学概念和规则	2
Z03	掌握相似三角形预备定理	1	提出数学命题和模型	1
Z04	掌握相似三角形判定定理 1	1	形成数学方法与思想	1
Z05	掌握相似三角形判定定理 2	2	提出数学命题和模型	1
Z06	掌握相似三角形判定定理 3	3	提出数学命题和模型	1
Z07	掌握直角三角形相似判定定理	4	提出数学命题和模型	2
Z08	会用学过的定理证明相似三角形	5	形成数学方法与思想	2
Z09	知道相似三角形对应角、对应边的关系	6	提出数学命题和模型	1
G01	会用相似三角形判定定理 2 证明相似	2	形成数学方法与思想	2
G02	会用相似三角形判定定理 3 证明相似	3	形成数学方法与思想	2

（续表）

序号	内容与要求	课序	表现	水平
G03	会用直角三角形相似判定定理	4	形成数学方法与思想	2
G04	理解并掌握相似三角形性质定理1	6	提出数学命题和模型	1
G05	理解并掌握相似三角形性质定理2、3	7	提出数学命题和模型	2
G06	知道相似三角形的对应边的比,对应边上的高、中线的比,对应角的平分线的比,周长比、面积比之间的关系	7	形成数学方法与思想	3
G07	经历相似三角形的判定定理、相似三角形的性质定理的学习,能分析并判定简单几何图形中的相似,并能计算出线段长或图形的面积	8	形成数学方法与思想	3
Q01	经历相似三角形的判定定理、相似三角形的性质定理的学习,及通过简单几何图形中的相似,计算出线段长或图形的面积的学习之后,运用合理的方法和过程,能辨析或转换由几个简单图形组合而成的较复杂图形	9	认识数学结构与体系	2

本单元的学习重点是相似三角形判定和相似三角形的性质。数学抽象素养主要体现在相似三角形、相似比、相似三角形的传递性等数学概念的形成过程;体现在认知由三角形的边和角之间的关系,构成三角形相似的条件,又由三角形的相似,推导出三角形之间的角或边的数量关系,经历相似三角形的判定定理、相似三角形的性质定理的学习,及通过简单几何图形中的相似,计算出线段长或图形的面积,运用合理的方法和过程,辨析由几个简单图形组合而成的图形,体现数学循序渐进,螺旋提高的过程。

三、锐角的三角比

本单元对应的课本内容为上教版《数学》九年级第一学期第二十五章"锐角的三角比"的第一节"锐角的三角比"。

基于《上海市初中数学学科教学基本要求》,本单元总体学习内容与要求以及学习水平如下:懂得锐角三角比的概念(B 理解);掌握特殊锐角的三角比的值

（C 运用）。具体课时内容如表 2-5-5 所示：

表 2-5-5 "锐角的三角比"课时内容

课序	课时内容
1	锐角三角比的意义(1)——正切、余切
2	锐角三角比的意义(2)——正弦、余弦
3	求锐角三角比的值(1)——特殊锐角的三角比的值
4	求锐角三角比的值(2)——使用计算器求锐角的三角比的值

根据本单元具体的学习内容和要求，以及对应的学习水平，我们将学习内容以"知识与技能（Z）""过程与方法（G）""情感、态度与价值观（Q）"三个维度分解后逐一细化为具体内容，并关联前文所述数学抽象素养的主要表现与水平层级指标进行对应。（表 2-5-6）

表 2-5-6 "锐角的三角比"数学抽象素养主要表现与水平层级

序号	内容与要求	课序	表现	水平
Z01	理解锐角 A 的对边与邻边的比值是一个定值	1	获得数学概念和规则	1
Z02	理解正切、余切概念	1	获得数学概念和规则	1
Z03	理解正切、余切之间的关系	1	获得数学概念和规则	2
Z04	理解正弦、余弦的概念	2	获得数学概念和规则	2
Z05	理解锐角的三角比的概念	2	提出数学命题和模型	1
Z06	会利用已知边长求锐角的三角比的值，并会利用条件中含有三角比的值，求线段的长或其他角的三角比的值	2	形成数学方法与思想	1
Z07	知道特殊锐角的三角比的值的探索过程	3	获得数学概念和规则	1
Z08	会利用特殊锐角的三角比的值进行计算	3	提出数学命题和模型	2
Z09	知道任意锐角的三角比都对应确定的值	4	形成数学方法与思想	2

本单元的学习重点是锐角的三角比的意义，特殊锐角三角比的值。数学抽象素养主要体现在正切、余切、正弦、余弦等数学概念的形成过程；体现在认知由三角形的边和角之间的关系，抽象出解直角三角形的一些概念和公式，经历探索

特殊锐角三角比的值的学习,体会出三角形的角度与边长之比的对应关系,通过融合几何图形中边角之间的相互关系,提高数学中归纳、总结、创新的能力。

四、解直角三角形

本单元对应的课本内容为上教版《数学》九年级第一学期第二十五章"锐角的三角比"的第二节"解直角三角形"。

基于《上海市初中数学学科教学基本要求》,本单元总体学习内容与要求以及学习水平如下:懂得解直角三角形的意义(B 理解);会用锐角互余、锐角三角比和勾股定理等知识解直角三角形以及解决一些简单的实际问题(C 运用)。具体课时内容如表 2-5-7 所示:

表 2-5-7　"解直角三角形"课时内容

课序	课时内容
1	解直角三角形(1)——直接解直角三角形
2	解直角三角形(2)——通过添加辅助线解直角三角形
3	解直角三角形的应用(1)——仰角、俯角
4	解直角三角形的应用(2)——方向角
5	解直角三角形的应用(3)——坡度、坡角
6	解直角三角形的应用(4)——物体测量

根据本单元具体的学习内容和要求,以及对应的学习水平,我们将学习内容以"知识与技能(Z)""过程与方法(G)""情感、态度与价值观(Q)"三个维度分解后逐一细化为具体内容,并关联前文所述数学抽象素养的主要表现与水平层级指标进行对应。(表 2-5-8)

表 2-5-8　"解直角三角形"数学抽象素养主要表现与水平层级

序号	内容与要求	课序	表现	水平
Z01	理解直角三角形元素之间的关系	1	获得数学概念和规则	1
Z02	理解解直角三角形的概念	1	获得数学概念和规则	2

（续表）

序号	内容与要求	课序	表现	水平
Z03	利用直角三角形各元素之间的关系解直角三角形	1	提出数学命题和模型	3
Z04	通过构造直角三角形，求一般三角形的边、角或面积	2	形成数学方法与思想	2
Z05	理解仰角、俯角的概念	3	获得数学概念和规则	1
Z06	将与仰角、俯角有关的实际问题转化为解直角三角形问题	3	提出数学命题和模型	1
Z07	知道实际生活中与距离有关的问题可以转化为解直角三角形问题来求解	4	形成数学方法与思想	1
Z08	将实际生活问题抽象为几何图形，并能构造直角三角形来求解	4	形成数学方法与思想	2
Z09	理解坡度的概念	5	获得数学概念和规则	1
Z10	会将与坡度有关的实际生活问题抽象为几何图形，并能构造直角三角形来求解	5	提出数学命题和模型	2
G01	经历解直角三角形的过程，体会将实际问题转化为几何图形的思想方法，探索研究处理实际生活中长度、角度的方法，总结出处理同类型问题的一般方法	6	认识数学结构与体系	2

　　本单元的学习重点是解直角三角形的应用。数学抽象素养主要体现在将实际生活问题抽象为几何图形，并能构造直角三角形来求解的过程；经历解直角三角形，体会将实际问题转化为解直角三角形的过程，探索处理实际生活中长度、角度的方法，总结出处理这类问题的一般方法；通过解决处理实际问题，体会数学来源于生活并服务生活的思想。

四边形、圆与正多边形

本知识板块的学习内容包括四边形、圆与正多边形等知识。根据《上海市中小学数学课程标准（试行稿）》，该阶段教学目标具体是理解多边形及其有关概念，平行四边形的概念，圆心角、弧、弦、弦心距的概念；掌握矩形、菱形、正方形的特殊性质和判定方法，圆心角、弧、弦、弦心距之间的关系，垂径定理及其推论；掌握正多边形的有关概念和基本性质，会画正三、四、六边形。在本单元的学习中，涉及分类讨论、类比、数形结合等数学思想方法。根据《初中数学单元教学设计指南》关于单元规划的建议，选用基于内容主题进行单元规划，本知识板块具体划分为多边形，平行四边形，特殊的平行四边形，梯形，圆的基本性质，直线与圆、圆与圆的位置关系，正多边形与圆，共 7 个单元。

一、多边形

本单元对应的课本内容为上教版《数学》八年级第二学期第二十二章"四边形"的第一节"多边形"。

基于《上海市初中数学学科教学基本要求》，本单元总体学习内容与要求以及学习水平如下：懂得多边形的有关概念（B 理解）；掌握多边形内角和定理（C 运用）；懂得多边形外角和定理（B 理解）。具体课时内容如表 2 - 6 - 1 所示：

表 2 - 6 - 1 "多边形"课时内容

课序	课时内容
1	多边形的内角和
2	多边形的外角和

根据本单元具体的学习内容和要求,以及对应的学习水平,我们将学习内容以"知识与技能(Z)"过程与方法(G)""情感、态度与价值观(Q)"三个维度分解后逐一细化为具体内容,并关联前文所述数学抽象素养的主要表现与水平层级指标进行对应。(表 2-6-2)

表 2-6-2 "多边形"数学抽象素养主要表现与水平层级

序号	内容与要求	课序	表现	水平
Z01	理解多边形及其有关概念	1	获得数学概念和规则	1
Z02	掌握多边形内角和定理	1	获得数学概念和规则	1
Z03	掌握多边形外角和定理	2	获得数学概念和规则	1
Z04	会运用多边形内角和、外角和定理解决计算和证明问题	1、2	形成数学方法与思想	2
G01	经历多边形及其有关概念的形成过程,体验类比思想	1	获得数学概念和规则	2
G02	经历多边形内角和与外角和的探索过程,体验化归思想与归纳推理的方法	1、2	形成数学方法与思想	2
Q01	体会多边形内角和计算公式中所蕴含的函数思想	1	形成数学方法与思想	2
Q02	感受多边形内角和的"变"与外角和的"不变"所体现的辩证思想	1、2	形成数学方法与思想	2

本单元的学习重点是明确多边形的有关概念,让学生经历多边形的内角和、外角和的推导过程。数学抽象素养主要体现在类比三角形的有关概念,经历多边形内角和、外角和的探索过程,体验化归与归纳推理数学方法与思想的形成过程。

二、平行四边形

本单元对应的课本内容为上教版《数学》八年级第二学期第二十二章"四边形"的"22.2 平行四边形"。

基于《上海市初中数学学科教学基本要求》,本单元总体学习内容与要求以及学习水平如下:掌握平行四边形的判定定理(C 运用);会用平行四边形判定定理和性质定理解决简单的几何证明或计算问题(C 运用);深入体会演绎推理方法(C 运用)。具体课时内容如表 2-6-3 所示:

表 2-6-3　"平行四边形"课时内容

课序	课时内容
1	平行四边的概念和性质定理 1、2
2	平行四边形的性质定理 3、4
3	平行四边形的判定定理 1、2
4	平行四边形的判定定理 3、4

根据本单元具体的学习内容和要求,以及对应的学习水平,我们将学习内容以"知识与技能(Z)""过程与方法(G)""情感、态度与价值观(Q)"三个维度分解后逐一细化为具体内容,并关联前文所述数学抽象素养的主要表现与水平层级指标进行对应。(表 2-6-4)

表 2-6-4　"平行四边形"数学抽象素养主要表现与水平层级

序号	内容与要求	课序	表现	水平
Z01	理解平行四边形的概念	1	获得数学概念和规则	1
Z02	掌握平行四边形的性质定理	1、2	获得数学概念和规则	2
Z03	掌握平行四边形的判定定理	3、4	获得数学概念和规则	2
G01	理解平行四边形判定定理与性质定理的区别与联系	3、4	认识数学结构与体系	1
G02	能综合运用平行四边形的性质定理和判定定理解决有关计算或证明问题	3、4	形成数学方法与思想	2
G03	发展推理论证的探索分析能力和逻辑表达能力	2、3、4	形成数学方法与思想	2
Q01	经历平行四边形性质的探索过程,领会转化、分类的思想	1、2	形成数学方法与思想	2
Q02	经历平行四边形的判定方法的探究过程,体会类比、逆向思维的方法	3、4	形成数学方法与思想	2

本单元的学习重点是明确平行四边形的概念,平行四边形的性质定理和判定定理,并运用相关定理解决简单的计算或证明问题。数学抽象素养主要体现在探索平行四边形的性质定理和判定定理的过程中,引导学生从边、角、对角线等要素进行分类,认识数学结构与体系,领会转化、分类数学思想,体会类比、逆向思维的数学方法。

三、特殊的平行四边形

本单元对应的课本内容为上教版《数学》八年级第二学期第二十二章"四边形"的"22.3 特殊的平行四边形"。

基于《上海市初中数学学科教学基本要求》,本单元总体学习内容与要求以及学习水平如下:掌握矩形、菱形、正方形的特殊性质(C 运用);掌握矩形、菱形、正方形的判定方法(C 运用);懂得矩形、菱形、正方形的特殊性质与判定方法之间的内在联系,体会集合思想(B 理解)。具体课时内容如表 2-6-5 所示:

表 2-6-5 "特殊的平行四边形"课时内容

课序	课时内容
1	矩形、菱形的概念与性质
2	矩形、菱形的概念与性质的基本运用
3	矩形、菱形的判定和初步运用
4	正方形的定义、性质及基本运用
5	正方形的判定

根据本单元具体的学习内容和要求,以及对应的学习水平,我们将学习内容以"知识与技能(Z)""过程与方法(G)""情感、态度与价值观(Q)"三个维度分解后逐一细化为具体内容,并关联前文所述数学抽象素养的主要表现与水平层级指标进行对应。(表 2-6-6)

表 2-6-6 "特殊的平行四边形"数学抽象素养主要表现与水平层级

序号	内容与要求	课序	表现	水平
Z01	理解矩形、菱形的概念	1	获得数学概念和规则	1
Z02	掌握矩形、菱形的性质定理	2	获得数学概念和规则	2
Z03	掌握矩形、菱形的判定定理	3	获得数学概念和规则	1
Z04	理解正方形的概念	4	获得数学概念和规则	1
Z05	掌握正方形的特殊性质和判定方法	5	获得数学概念和规则	1
G01	能运用矩形、菱形的性质定理和判定定理进行有关的证明和计算	2、3	形成数学方法与思想	2
G02	经历从"一般到特殊"的研究方法,知道矩形、菱形的关系以及与平行四边形的联系与区别	1、2	认识数学结构与体系	2
G03	经历矩形、菱形性质的探索过程,感悟类比思想、分类讨论的思想	2、3	形成数学方法与思想	3
G04	经历从矩形、菱形性质到正方形性质,矩形、菱形判定到正方形判定的归纳过程,进一步感悟从"一般到特殊"的研究方法,以及类比思想、分类讨论思想	4、5	形成数学方法与思想	2
G05	能运用正方形的特殊性质和判定方法进行有关的证明和计算	4、5	形成数学方法与思想	2

　　本单元的学习重点是矩形、菱形、正方形的概念,以及它们的性质和判定,并运用性质与判定解决简单的问题。数学抽象素养主要体现在研究平行四边形、特殊的平行四边形的性质与判定的过程中,领会类比、分类讨论的数学思想,经历从"一般到特殊"的研究方法,知道特殊的平行四边形之间的关系以及与平行四边形的联系与区别,进一步认识数学结构与体系。

四、梯形

　　本单元对应的课本内容为上教版《数学》八年级第二学期第二十二章"四边形"的第三节"梯形"。

　　· 基于《上海市初中数学学科教学基本要求》,本单元总体学习内容与要求以及学习水平如下:懂得梯形的有关概念(B理解);掌握等腰梯形的性质与判定(C运用);掌握三角形中位线定理、梯形中位线定理(C运用)。具体课时内容如表2-6-7所示:

表2-6-7 "梯形"课时内容

课序	课时内容
1	梯形、等腰梯形、直角梯形的概念
2	等腰梯形的性质
3	等腰梯形的判定
4	三角形中位线的概念与定理
5	梯形中位线的概念与定理

根据本单元具体的学习内容和要求,以及对应的学习水平,我们将学习内容以"知识与技能(Z)""过程与方法(G)""情感、态度与价值观(Q)"三个维度分解后逐一细化为具体内容,并关联前文所述数学抽象素养的主要表现与水平层级指标进行对应。(表2-6-8)

表2-6-8 "梯形"数学抽象素养主要表现与水平层级

序号	内容与要求	课序	表现	水平
Z01	理解梯形、等腰梯形、直角梯形的概念	1	获得数学概念和规则	1
Z02	掌握等腰梯形的性质定理和判定定理	2、3	获得数学概念和规则	2
Z03	理解三角形中位线和梯形中位线的概念	4、5	获得数学概念和规则	1
Z04	知道梯形与平行四边形的区别与联系	1	认识数学结构与体系	1
Z05	会计算梯形中的有关角度、线段及梯形的面积	1	认识数学结构与体系	1
G01	理解三角形和梯形之间的联系	1	形成数学方法与思想	2
G02	会通过添加辅助线,将梯形、等腰梯形问题转化成三角形、平行四边形等几何图形的问题来解决	2、3	形成数学方法与思想	2
G03	经历探索等腰梯形的性质和判定过程,体会类比、分类讨论和转化等数学思想方法	2、3	形成数学方法与思想	2

（续表）

序号	内容与要求	课序	表现	水平
G04	经历三角形、梯形中位线性质的探索过程，体会转化思想，能以运动变化的观点认识三角形、梯形的中位线之间的区别与联系	4、5	形成数学方法与思想	2
G05	掌握三角形、梯形的中位线定理并能运用它们进行简单的几何计算和论证	4、5	形成数学方法与思想	2
Q01	综合运用三角形和特殊四边形解决一些实际问题	1、4、5	提出数学命题和模型	3

本单元的学习重点是理解梯形、等腰梯形、直角梯形的概念，等腰梯形的性质与判定，并进行几何计算或证明，三角形、梯形中位线的概念和应用。数学抽象素养主要体现在通过对相关概念的认知获得数学概念和规则；经历探索等腰梯形的性质和判定，三角形、梯形中位线性质，体会类比、分类讨论和转化等数学思想方法，并运用所学知识提出数学命题和模型解决实际生活中的问题。

五、圆的基本性质

本单元对应的课本内容为上教版《数学》九年级第二学期第二十七章"圆与正多边形"的第一节"圆的基本性质"。

基于《上海市初中数学学科教学基本要求》，本单元总体学习内容与要求以及学习水平如下：懂得点与圆的位置关系（B 理解）；懂得圆心角、弧、弦、弦心距的概念和圆的旋转不变性（B 理解）；掌握圆心角、弧、弦、弦心距之间的关系（C 运用）；掌握垂径定理及其推论（C 运用）。具体课时内容如表 2-6-9 所示：

表 2-6-9 "圆的基本性质"课时内容

课序	课时内容
1	圆的确定
2	圆心角、弧、弦、弦心距之间的关系
3	圆心角、弧、弦、弦心距之间的关系推论
4	垂径定理
5	垂径定理推论

根据本单元具体的学习内容和要求,以及对应的学习水平,我们将学习内容以"知识与技能(Z)""过程与方法(G)""情感、态度与价值观(Q)"三个维度分解后逐一细化为具体内容,并关联前文所述数学抽象素养的主要表现与水平层级指标进行对应。(表 2 - 6 - 10)

表 2 - 6 - 10 "圆的基本性质"数学抽象素养主要表现与水平层级

序号	内容与要求	课序	表现	水平
Z01	知道点与圆的三种位置关系及其判定方法,并能用来解决相关数学问题	1	获得数学概念和规则	1
Z02	了解三角形的外心、外接圆、圆的内接三角形以及多边形的外接圆、圆的内接多边形的概念	2	获得数学概念和规则	1
Z03	理解圆心角、弧、弦、弦心距的概念和圆的旋转不变性	3	获得数学概念和规则	1
Z04	掌握垂径定理	4	获得数学概念和规则	1
Z05	掌握垂径定理推论	5	获得数学概念和规则	1
G01	经历以过已知点画圆为线索探索确定一个圆所需条件的过程,能画出过已知不在同一直线上三点的圆	1	形成数学方法与思想	2
G02	经历利用圆的旋转不变性探索同圆中圆心角、弧、弦、弦心距之间关系的过程,运用相关定理及其推论解决有关数学问题	2,3	形成数学方法与思想	2
G03	在推导由一直线经过圆心、垂直于弦、平分弦、平分弦所对的弧这四组关系构成的定理的过程中,体会分类讨论的思想	3	形成数学方法与思想	2
G04	能初步运用垂径定理及其推论解决有关数学问题	4,5	形成数学方法与思想	2

本单元的学习重点是圆的基本性质,圆心角、弧、弦、弦心距之间的关系和推论,垂径定理及其推论。数学抽象素养主要体现在圆的确定,圆心角、弧、弦、弦心距相关数学概念的形成,探索同圆中圆心角、弧、弦、弦心距之间关系的过程,体会分类讨论的思想。

六、直线与圆、圆与圆的位置关系

本单元对应的课本内容为上教版《数学》九年级第二学期第二十七章"圆与正多边形"的第二节"直线与圆、圆与圆的位置关系"。

基于《上海市初中数学学科教学基本要求》，本单元总体学习内容与要求以及学习水平如下：懂得直线与圆的位置关系及其相应的数量关系（B 理解）；懂得圆与圆的位置关系及其相应的数量关系（B 理解）。具体课时内容如表 2 - 6 - 11 所示：

表 2 - 6 - 11　"直线与圆、圆与圆的位置关系"课时内容

课序	课时内容
1	直线与圆的位置关系
2	圆与圆的位置关系
3	运用两圆位置关系的知识解决相关数学问题
4	相交两圆的连心线的性质定理

根据本单元具体的学习内容和要求，以及对应的学习水平，我们将学习内容以"知识与技能（Z）""过程与方法（G）""情感、态度与价值观（Q）"三个维度分解后逐一细化为具体内容，并关联前文所述数学抽象素养的主要表现与水平层级指标进行对应。（表 2 - 6 - 12）

表 2 - 6 - 12　"直线与圆、圆与圆的位置关系"数学抽象素养主要表现与水平层级

序号	内容与要求	课序	表现	水平
Z01	初步掌握直线与圆的各种位置关系及其相应数量关系的特征	1	获得数学概念和规则	1
Z02	知道圆的切线的判定定理，会画经过圆上一点的圆的切线	2	获得数学概念和规则	1
Z03	理解圆与圆的位置关系及其有关概念、相应数量关系的特征	2、3	获得数学概念和规则	1
Z04	初步掌握相交或相切两圆的连心线性质定理	4	获得数学概念和规则	1

（续表）

序号	内容与要求	课序	表现	水平
G01	经历有关直线与圆三种位置关系的操作和归纳过程,体会运动变化、分类讨论的思想	1	形成数学方法与思想	2
G02	经历圆与圆的位置关系的探索过程,进一步领会运动变化、类比、分类等数学思想,发展分析归纳、抽象概括、推理判断的数学应用能力	2、3	形成数学方法与思想	2
Q01	体会事物之间相互联系、量变引起质变等辩证唯物主义观点	1、2、3、4	形成数学方法与思想	2

本单元的学习重点是直线与圆、圆与圆的位置关系及其相应的数量关系。数学抽象素养主要体现在从位置关系和数量关系相互对应获得数学概念和规则,经历有关直线与圆三种位置关系的操作,圆与圆的位置关系的探索过程,领会运动变化、类比、分类等数学思想,发展分析归纳、抽象概括、推理判断的数学应用能力。

七、正多边形与圆

本单元对应的课本内容为上教版《数学》九年级第二学期第二十七章"圆与正多边形"的第三节"正多边形与圆"。

基于《上海市初中数学学科教学基本要求》,本单元总体学习内容与要求以及学习水平如下:懂得正多边形的有关概念和基本性质(B 理解);初步会画正三角形、正四边形、正六边形(B 理解)。具体课时内容如表 2-6-13 所示:

表 2-6-13 "正多边形与圆"课时内容

课序	课时内容
1	正多边形的定义
2	正三角形、正四边形、正六边形的画法和简单几何计算

根据本单元具体的学习内容和要求,以及对应的学习水平,我们将学习内容

以"知识与技能(Z)""过程与方法(G)""情感、态度与价值观(Q)"三个维度分解后逐一细化为具体内容,并关联前文所述数学抽象素养的主要表现与水平层级指标进行对应。(表 2 - 6 - 14)

表 2 - 6 - 14 "正多边形与圆"数学抽象素养主要表现与水平层级

序号	内容与要求	课序	表现	水平
Z01	理解正多边形以及正多边形的中心、中心角、半径、边心角等概念	1	获得数学概念和规则	1
Z02	会利用等分圆周画正三角形、正四边形、正六边形	2	获得数学概念和规则	1
G01	经历关于正多边形对称性的探讨过程,会求正 n 边形的中心角大小	1	形成数学方法与思想	2
G02	会在正三角形、正四边形、正六边形中进行简单的几何计算	2	形成数学方法与思想	2

本单元的学习重点是明确正多边形的定义,正多边形的中心、中心角、半径、边心角等概念,对称性,以及相关的几何计算。数学抽象素养主要体现在正多边形相关概念的形成过程,通过实验操作归纳形成正多边形的对称性结论,引进以正多边形的一边为底边、两条半径为腰的等腰三角形的方法,让学生归纳有关的几何计算数学思想。

平面向量与图形运动

　　本知识板块的学习内容包括平面向量、图形的运动以及平面直角坐标系。根据《上海市中小学数学课程标准(试行稿)》,该阶段教学目标具体体现在认识平面和空间的基本图形,理解基本的几何变换;体验、探索具体图形的位置关系和运动规律,能用方向、距离、角度、几何变换等进行刻画;知道向量的概念,初步掌握向量的线性运算。通过本板块的学习,可以初步体会平面向量本身就是数形结合思想的产物,感受平面直角坐标系的建立对沟通数与形的关系所发挥的重要作用。学习图形运动还有助于初步形成几何变换的思想,为进一步探索几何问题提供新的视角和方法。根据《初中数学单元教学设计指南》关于单元规划的建议,选用基于内容主题进行单元规划,本知识板块具体划分为平面向量,图形运动,平面直角坐标系,共三个单元。

一、平面向量

　　本单元对应的课本内容为上教版《数学》八年级第二学期第二十二章"四边形"的第四节"平面向量及其加减运算"及九年级第一学期第二十四章"相似三角形"的第四节"平面向量的线性运算"。基于《上海市初中数学学科教学基本要求》,本单元总体学习内容与要求以及学习水平如下:了解有向线段的意义、向量及其表示(A 识记);辨别相等向量、相反向量、平行向量(B 理解);懂得零向量的意义及符号表示(B 理解);懂得向量加法的三角形法则、平行四边形法则、向量加法的交换律和结合律(B 理解);懂得向量的减法法则(B 理解);懂得实数与向量的乘法运算(B 理解);了解实数与向量的乘法运算律(A 识记);懂得向量的线性运算(B 理解)。具体课时内容如表 2 - 7 - 1 所示:

表 2 - 7 - 1　"平面向量"课时内容

课序	课时内容
1	平面向量
2	平面向量的加法
3	平面向量的减法
4	实数与向量相乘
5	向量的线性运算

　　根据本单元具体的学习内容和要求,以及对应的学习水平,我们将学习内容以"知识与技能(Z)""过程与方法(G)""情感、态度与价值观(Q)"三个维度分解后逐一细化为具体内容,并关联前文所述数学抽象素养的主要表现与水平层级指标进行对应。(表 2 - 7 - 2)

表 2 - 7 - 2　"平面向量"数学抽象素养主要表现与水平层级

序号	内容与要求	课序	表现	水平
Z01	理解有向线段的概念,会画有向线段并用于表示生活中一些既有距离又有方向的量	1	获得数学概念和规则	1
Z02	理解向量的长度、相等向量、相反向量、平行向量等概念,并会用符号进行表示	1	获得数学概念和规则	1
Z03	知道向量的加法满足交换律与结合律,会利用运算律进行向量运算	2	提出数学命题和模型	1
Z04	知道零向量的意义以及零向量的特性	2	获得数学概念和规则	1
Z05	初步掌握几个向量加法的多边形法则,会利用多边形法则以及加法运算律化简算式	2	提出数学命题和模型	1
Z06	初步掌握向量减法的三角形法则,会将向量的减法转化为加法运算和进行向量的加减混合运算	3	提出数学命题和模型	2
Z07	初步掌握向量加法的平行四边形法则,初步了解向量运算的实际应用	3	提出数学命题和模型	2

序号	内容与要求	课序	表现	水平
Z08	理解实数与向量相乘的意义，掌握实数与向量相乘的表示方法；对于给定的非零实数和一个非零向量，能画出它们相乘所得的向量	4	获得数学概念和规则	1
Z09	知道实数与向量乘法的运算律，会依据运算律对向量算式进行计算、化简	4	获得数学概念和规则	1
Z10	知道平行向量定理，会用向量关系式表示两个向量的平行关系，知道单位向量的意义，知道一个非零向量与同方向的单位向量之间的关系	4	获得数学概念和规则	1
Z11	知道向量的线性运算的意义，会化简线性运算的算式，会画图表示简单的线性运算结果	5	提出数学命题和模型	1
Z12	知道用两个不平行的向量表示平面内一个向量的表达式的特征	5	获得数学概念和规则	1
Z13	会在较熟悉的几何图形中将一个向量用给定的两个不平行向量表示出来	5	形成数学方法与思想	1
Z14	知道向量的分解式，能画出平面内一个向量在已知两个不平行向量方向上的分向量	5	形成数学方法与思想	1
G01	经历建立向量概念的过程，会用有向线段表示向量，知道向量在现实生活中以及数学、物理学科中有重要的应用	1	获得数学概念和规则	1
G02	经历引进向量加法的过程，初步掌握向量加法的三角形法则，会用作图的方法求两个向量的和向量	2	提出数学命题和模型	1
G03	经历引进向量减法的过程，理解向量减法的意义，知道向量减法是加法的逆运算	3	提出数学命题和模型	2
G04	在从数的运算到向量的运算的认识过程中体会类比的思想，在实数与向量相乘和平行向量定理的学习中体会代数与几何的联系	4	形成数学方法与思想	2
Q01	在知识形成和运用的过程中，体会向量的合成与分解的辩证关系，体会数形结合、化归等数学思想方法	5	形成数学方法与思想	2

本单元的学习重点是向量的有关概念、向量的运算。数学抽象素养主要体现在相等向量、平行向量、相反向量、零向量、单位向量等数学概念的形成过程；体现在初步掌握向量加法的三角形法则、向量减法的三角形法则、向量加法的平行四边形法则等数学命题的提出过程，用法则在较熟悉的几何图形中将一个向量用给定的两个不平行向量表示出来的数学模型建立过程；体现在体会向量的合成与分解的辩证关系，体会数形结合、化归等数学思想方法的形成过程。

二、图形的运动

本单元对应的课本内容为上教版《数学》七年级第一学期第十一章"图形的运动"。

基于《上海市初中数学学科教学基本要求》，本单元总体学习内容与要求以及学习水平如下：了解图形平移、翻折、旋转及旋转对称的意义（A 识记），懂得轴对称、轴对称图形、中心对称、中心对称图形的意义（B 理解），初步会画平移后的图形、已知图形关于某条直线对称的图形、已知图形绕某一点旋转后的图形（B 理解）。具体课时内容如表 2-7-3 所示：

表 2-7-3　"图形的运动"课时内容

课序	课时内容
1	平移
2	旋转
3	旋转对称图形与中心对称图形
4	中心对称
5	翻折与轴对称图形
6	轴对称

根据本单元具体的学习内容和要求，以及对应的学习水平，我们将学习内容以"知识与技能（Z）""过程与方法（G）""情感、态度与价值观（Q）"三个维度分解后逐一细化为具体内容，并关联前文所述数学抽象素养的主要表现与水平层级指标进行对应。（表 2-7-4）

表2-7-4 "图形的运动"数学抽象素养主要表现与水平层级

序号	内容与要求	课序	表现	水平
Z01	通过观察生活情境,理解平移及对应点、对应角、对应线段的概念	1	获得数学概念和规则	1
Z02	会在方格纸上画出平移后的平面图形,体会平移变换思想	1	获得数学概念和规则	1
Z03	知道图形旋转的概念,理解旋转中心、旋转角的意义	2	获得数学概念和规则	1
Z04	会画出简单图形绕某一点进行旋转运动后的图形	2	形成数学方法与思想	1
Z05	理解旋转对称图形、中心对称图形的概念	3	获得数学概念和规则	1
Z06	知道中心对称图形是旋转对称图形的一个特例	3	获得数学概念和规则	2
Z07	理解两个图形关于某一点中心对称的意义	4	获得数学概念和规则	1
Z08	掌握中心对称与中心对称图形的概念	4	获得数学概念和规则	2
Z09	知道中心对称图形的基本性质,并会用有关性质画已知图形关于某一点对称的图形	4	形成数学方法与思想	2
Z10	能找到两个成中心对称图形的对称中心	4	形成数学方法与思想	2
Z11	理解轴对称图形的意义,并会画出轴对称图形的对称轴	5	形成数学方法与思想	2
Z12	理解两个图形关于一条直线成轴对称的意义,知道轴对称图形的基本性质	6	形成数学方法与思想	2
Z13	掌握"轴对称图形"与"两个图形关于某一条直线成轴对称"这两个概念的区别与联系	6	获得数学概念和规则	1
Z14	会用有关性质画已知图形关于某一条直线对称的图形	6	形成数学方法与思想	2
Z15	能画出成轴对称的两个图形的对称轴	6	形成数学方法与思想	2
G01	经历观察、测量等活动的过程,归纳出图形平移后图形的形状、大小保持不变的性质	1	提出数学命题和模型	1
G02	经历具体的操作活动,初步体会图形在旋转运动过程中的不变性	2	提出数学命题和模型	1

（续表）

序号	内容与要求	课序	表现	水平
G03	经历观察、动手操作,认识图形翻折运动的过程,知道经过翻折运动的图形保持形状、大小不变的性质	5	提出数学命题和模型	1

本单元的学习重点是图形的平移、旋转、翻折的意义和性质。数学抽象素养主要体现在平移、旋转、翻折及轴对称图形、中心对称图形等数学概念的形成过程,体现在掌握图形的平移、翻折、旋转运动的基本特征和性质,体会三种运动只改变图形的位置,不改变图形的形状和大小等数学命题的提出过程;体现在归纳图形平移、旋转、翻折三种运动过程中的不变性的数学模型建立过程;体现在运用三种运动的性质解决基本作图问题,形成数学方法与思想的形成过程。

三、平面直角坐标系

本单元对应的课本内容为上教版《数学》七年级第二学期第十五章"平面直角坐标系",八年级第一学期第十九章"几何证明"的"19.10 两点的距离公式"。

基于《上海市初中数学学科教学基本要求》,本单元总体学习内容与要求以及学习水平如下:懂得平面直角坐标系的概念和构成(B 理解);懂得直角坐标平面内点的坐标(B 理解);懂得点与坐标之间的一一对应关系(B 理解);说明直角坐标平面内点的平移、两个关于坐标轴对称的点的坐标的关系、两个关于原点对称的点的坐标的关系以及简单图形的对称关系(B 理解);掌握直角坐标平面内两点间的距离公式(C 运用)。具体课时内容如表 2-7-5 所示:

表 2-7-5　"平面直角坐标系"课时内容

课序	课时内容
1	平面直角坐标系
2	直角坐标平面内点的运动
3	直角坐标平面内两点之间的距离公式

根据本单元具体的学习内容和要求,以及对应的学习水平,我们将学习内容

以"知识与技能(Z)""过程与方法(G)""情感、态度与价值观(Q)"三个维度分解后逐一细化为具体内容,并关联前文所述数学抽象素养的主要表现与水平层级指标进行对应。(表2-7-6)

表2-7-6 "平面直角坐标系"数学抽象素养主要表现与水平层级

序号	内容与要求	课序	表现	水平
Z01	理解平面直角坐标系的有关概念,知道坐标平面内的点与有序实数对是一一对应的	1	获得数学概念和规则	1
Z02	会根据点的位置写出点的坐标,会根据点的坐标描点	1	获得数学概念和规则	1
Z03	会根据点的坐标求平行于坐标轴的直线上的两点之间的距离	2	获得数学概念和规则	2
Z04	掌握平移前后的对应两点、关于坐标轴对称的两点、关于原点对称的两点的坐标之间的关系	2	获得数学概念和规则	2
Z05	掌握直角坐标平面内两点的距离公式	3	获得数学概念和规则	1
G01	在从数轴到平面直角坐标系的知识发展过程中,感受数学研究的方法和坐标思想	1	形成数学方法与思想	1
G02	会用数学式子表示垂直于坐标轴的直线,体会数形结合的数学思想	1	形成数学方法与思想	1
G03	通过对具体点的运动的研究,得到用点的坐标变化描述点的运动的一般结论,体会从特殊到一般的认知方法	2	形成数学方法与思想	2
G04	通过对点的运动与坐标的变化关系的研究,体会数形结合的数学思想	2	形成数学方法与思想	2
G05	经历探求直角坐标平面内两点的距离的过程,体会数形结合的数学思想方法	3	形成数学方法与思想	2
Q01	在具体情境中理解有序实数对的意义,经历从现实生活中的事例中引出和抽象数学概念的过程,感受数学与生活的联系	1	提出数学命题和模型	1

　　本单元的学习重点是直角坐标平面内点与坐标的一一对应关系、两点之间

的距离公式。数学抽象主要体现在平面直角坐标系的概念、两点之间的距离公式等数学概念形成的过程,体现在平移、关于坐标轴对称、关于原点对称的对应点的特征等数学命题的提出过程及探求直角坐标平面内两点距离过程中的数学模型建立过程;体现在对点的运动与坐标的变化关系的研究,体会数形结合,从特殊到一般等数学思想与方法的形成过程。

函数初步

本知识板块的学习内容包括函数的有关概念、正比例函数、反比例函数、一次函数和二次函数。根据《上海市中小学数学课程标准（试行稿）》，该阶段教学目标具体体现在理解函数的意义；理解正比例函数、反比例函数、一次函数和二次函数的概念，会画它们的图像并掌握从图像中得到的一些基本性质。函数是中学数学的核心内容，是研究事物的运动、变化和联系等规律的重要模型，也是用以刻画两个变量间的依赖关系的数学方法。根据《初中数学单元教学设计指南》关于单元规划的建议，选用基于内容主题进行单元规划，本知识板块具体划分为函数的概念，正比例和正比例函数，反比例和反比例函数，一次函数，二次函数，共五个单元。

一、函数的概念

本单元对应的课本内容为上教版《数学》八年级第一学期第十八章"正比例函数和反比例函数"的"18.1 函数的概念"。

基于《上海市初中数学学科教学基本要求》，本单元总体学习内容与要求以及学习水平如下：认识常量、变量、自变量（A 识记）；懂得函数的概念（B 理解）；懂得函数值的求法（有关求函数值的问题，不涉及繁复的计算）（B 理解）；了解函数的值域（只要求了解其意义，不涉及求值域的问题）（A 识记）；懂得函数的表示方法（B 理解）；懂得函数定义域的求法（B 理解）。具体课时内容如表 2 - 8 - 1 所示：

表 2-8-1　"函数的概念"课时内容

课序	课时内容
1	变量与函数
2	函数的定义域与函数值

根据本单元具体的学习内容和要求,以及对应的学习水平,我们将学习内容以"知识与技能(Z)""过程与方法(G)""情感、态度与价值观(Q)"三个维度分解后逐一细化为具体内容,并关联前文所述数学抽象素养的主要表现与水平层级指标进行对应。(表 2-8-2)

表 2-8-2　"函数的概念"数学抽象素养主要表现与水平层级

序号	内容与要求	课序	表现	水平
Z01	认识数量的意义,知道常用的数量	1	获得数学概念和规则	1
Z02	认识并分清变量和常量	1	获得数学概念和规则	2
Z03	理解变化过程中的两个变量之间相互依赖的含义	1	获得数学概念和规则	1
Z04	理解函数的概念	1	获得数学概念和规则	1
Z05	知道函数的自变量以及函数解析式	1	获得数学概念和规则	1
Z06	知道函数的定义域、函数值的意义	2	获得数学概念和规则	1
Z07	知道自变量的值域函数值之间有对应关系	2	获得数学概念和规则	1
Z08	会在简单情况下求函数的定义域、函数值	2	形成数学方法与思想	2
Z09	知道符合"$y=f(x)$"的意义	2	获得数学概念和规则	1
Q01	在变量、函数的概念引入中,初步认识函数与现实生活密切相关,感受用运动、变化的观点看待事物,感知函数在实际生产生活中的作用	1、2	提出数学命题和模型	3

本单元的学习重点是函数的概念。数学抽象素养主要体现在常量、变量、函数、自变量、函数解析式、定义域、函数值等数学概念的形成过程;体现在求函数定义域、函数值等数学方法与思想的形成过程。

二、正比例和正比例函数

本单元对应的课本内容为上教版《数学》八年级第一学期第十八章"正比例函数和反比例函数"的"18.2 正比例函数"。

基于《上海市初中数学学科教学基本要求》,本单元总体学习内容与要求以及学习水平如下:辨别正比例关系和正比例函数(B 理解);会画正比例函数的图像(C 运用);掌握正比例函数的性质(C 运用);会用待定系数法确定正比例函数的解析式(C 运用)。具体课时内容如表 2-8-3 所示:

表 2-8-3 "正比例和正比例函数"课时内容

课序	课时内容
1	正比例函数的概念
2	正比例函数的图像
3	正比例函数的性质
4	正比例函数的应用

根据本单元具体的学习内容和要求,以及对应的学习水平,我们将学习内容以"知识与技能(Z)""过程与方法(G)""情感、态度与价值观(Q)"三个维度分解后逐一细化为具体内容,并关联前文所述数学抽象素养的主要表现与水平层级指标进行对应。(表 2-8-4)

表 2-8-4 "正比例和正比例函数"数学抽象素养主要表现与水平层级

序号	内容与要求	课序	表现	水平
Z01	理解正比例关系的含义	1	获得数学概念和规则	1
Z02	判断两个变量是否成正比例关系	1	获得数学概念和规则	2
Z03	理解正比例函数的概念	1	获得数学概念和规则	1
Z04	通过画图像的操作实践,体验"描点法"	2	形成数学方法与思想	1
Z05	知道正比例函数的图像是过原点的一条直线	2	提出数学命题和模型	1
Z06	会画正比例函数的图像	2	形成数学方法与思想	1
Z07	知道函数图像的意义	2	获得数学概念和规则	1

（续表）

序号	内容与要求	课序	表现	水平
Z08	掌握正比例函数的基本性质	3	提出数学命题和模型	2
Z09	会用待定系数法确定正比例函数的解析式	1、4	形成数学方法与思想	2
Z10	会利用正比例函数解决一些简单的实际问题	4	提出数学命题和模型	2
G01	经历利用正比例函数图像直观分析正比例函数基本性质的过程，体会数形结合的思想方法和研究函数的方法	3	形成数学方法与思想	2
G02	经历利用正比例函数图像直观分析正比例函数基本性质的过程，归纳正比例函数的基本性质，初步形成数学抽象能力和表达能力	3	提出数学命题和模型	1
Q01	在正比例函数的概念引入和实际应用的过程中，进一步认识函数与现实生活密切相关，体验函数在实际生产生活中的应用	1、4	提出数学命题和模型	3

　　本单元的学习重点是正比例函数的确定，以及它的图像与性质。数学抽象素养主要体现在两个变量成正比例、正比例函数、函数图像的意义等数学概念的形成过程；体现在认知正比例函数的图像、归纳正比例函数的性质等数学命题的提出过程和解决正比例函数实际问题的数学模型建立过程；体现在"描点法"、画正比例函数图像的方法、待定系数法、利用函数图像直观分析函数性质的数形结合思想等数学方法与思想的形成过程。

三、反比例和反比例函数

　　本单元对应的课本内容为上教版《数学》八年级第一学期第十八章"正比例函数和反比例函数"的"18.3 反比例函数"。

　　基于《上海市初中数学学科教学基本要求》，本单元总体学习内容与要求以及学习水平如下：辨别反比例关系和反比例函数（B 理解）；初步会用描点法画反比例函数的大致图像（B 理解）；掌握反比例函数的性质（C 运用）；会用待定系数法确定反比例函数的解析式（C 运用）。具体课时内容如表 2-8-5 所示：

表 2-8-5 "反比例和反比例函数"课时内容

课序	课时内容
1	反比例函数的概念
2	反比例函数的图像与性质
3	反比例函数的应用

根据本单元具体的学习内容和要求,以及对应的学习水平,我们将学习内容以"知识与技能(Z)""过程与方法(G)""情感、态度与价值观(Q)"三个维度分解后逐一细化为具体内容,并关联前文所述数学抽象素养的主要表现与水平层级指标进行对应。(表 2-8-6)

表 2-8-6 "反比例和反比例函数"数学抽象素养主要表现与水平层级

序号	内容与要求	课序	表现	水平
Z01	理解反比例关系	1	获得数学概念和规则	1
Z02	理解反比例函数的概念	1	获得数学概念和规则	1
Z03	知道反比例函数的图像是双曲线	2	提出数学命题和模型	1
Z04	初步会画反比例函数的大致图像	2	形成数学方法与思想	1
Z05	掌握反比例函数的基本性质	2	提出数学命题和模型	2
Z06	会用待定系数法确定反比例函数的解析式	1、3	形成数学方法与思想	2
Z07	能用正比例函数、反比例函数的知识以及待定系数法确定一个涉及正比例关系和反比例关系的函数的解析式	3	形成数学方法与思想	2
Z08	会利用反比例函数解决一些简单的实际问题	3	提出数学命题和模型	2
G01	经历利用反比例函数图像直观分析反比例函数基本性质的过程,进一步体会数形结合的思想方法和研究函数的方法	2	形成数学方法与思想	2
G02	经历利用反比例函数图像直观分析反比例函数基本性质的过程,归纳反比例函数的基本性质,进一步形成数学抽象能力和表达能力	2	提出数学命题和模型	1
Q01	在反比例函数的概念引入和实际应用的过程中,进一步体会函数与现实生活密切相关	1、3	提出数学命题和模型	3

本单元的学习重点是反比例函数的确定,以及它的图像与性质。数学抽象素养主要体现在两个变量成反比例、反比例函数等数学概念的形成过程;体现在认知反比例函数的图像、归纳反比例函数的性质等数学命题的提出过程和解决正比例、反比例函数实际问题的数学模型建立过程;体现在画反比例函数图像的方法、待定系数法、利用函数图像直观分析函数性质的数形结合思想等数学方法与思想的形成过程。

四、一次函数

本单元对应的课本内容为上教版《数学》八年级第学二期第二十章"一次函数"。基于《上海市初中数学学科教学基本要求》,本单元总体学习内容与要求以及学习水平如下:懂得一次函数的概念(B 理解);会用待定系数法确定一次函数解析式(C 运用);会画一次函数的图像(C 运用);掌握一次函数的性质(C 运用);懂得一次函数与一元一次方程、一元一次不等式的联系(B 理解);懂得一次函数、二元一次方程、直线之间的联系(B 理解);掌握坐标平面内直线的平移与一次函数 $y = kx + b$ 中的截距 b 之间的关系(C 运用);应用一次函数的模型解决简单实际问题(D 综合)。具体课时内容如表 2-8-7 所示:

表 2-8-7 "一次函数"课时内容

课序	课时内容
1	一次函数的概念
2	一次函数的图像(1)——画一次函数图像
3	一次函数的图像(2)——字母 k、b 与直线的关系
4	一次函数的图像(3)——一元一次方程、一元一次不等式与一次函数的关系
5	一次函数的性质(1)——基本性质
6	一次函数的性质(2)——直线位置与 k、b 的关系
7	一次函数的应用(1)——根据两个变量的关系建立一次函数解析式
8	一次函数的应用(2)——运用一次函数的解析式和图像解决实际问题

根据本单元具体的学习内容和要求,以及对应的学习水平,我们将学习内容

以"知识与技能(Z)""过程与方法(G)""情感、态度与价值观(Q)"三个维度分解后逐一细化为具体内容,并关联前文所述数学抽象素养的主要表现与水平层级指标进行对应。(表2-8-8)

表2-8-8 "一次函数"数学抽象素养主要表现与水平层级

序号	内容与要求	课序	表现	水平
Z01	理解一次函数的概念	1	获得数学概念和规则	1
Z02	理解一次函数与正比例函数、常值函数的关系	1	获得数学概念和规则	1
Z03	判断两个变量之间的关系是不是一次函数	1	获得数学概念和规则	2
Z04	了解一次函数的图像是直线	2	提出数学命题和模型	1
Z05	会用"描点法"画一次函数的图像	2	形成数学方法与思想	1
Z06	理解直线的截距的意义	2	获得数学概念和规则	1
Z07	掌握求一次函数图像与坐标轴交点的方法	2	形成数学方法与思想	2
Z08	知道两条平行直线的表达式之间的关系	3	提出数学命题和模型	1
Z09	能运用两条平行直线的表达式之间的关系确定直线表达式	3	形成数学方法与思想	2
Z10	知道一元一次方程、一元一次不等式与一次函数之间的联系	4	提出数学命题和模型	1
Z11	能以函数的观点来认识一元一次方程的解与一元一次不等式的解集	4	提出数学命题和模型	1
Z12	掌握一次函数的基本性质	5	提出数学命题和模型	2
Z13	理解直线 $y=kx+b$ 中的常数 k 与 b 的正负与直线在坐标平面内的位置之间的联系	6	提出数学命题和模型	1
Z14	会用待定系数法确定一次函数的解析式	1、7	形成数学方法与思想	2
Z15	会利用一次函数解决一些简单的实际问题	7、8	提出数学命题和模型	2
G01	在判断一次函数的过程中体验分类讨论的数学思想	1	形成数学方法与思想	2
G02	通过直线相对于 x 轴正方向的倾斜程度及两条平行直线表达式的关系的研究,经历观察、分析与探索的思维过程,提高以运动变化的观点处理问题的能力	3	提出数学命题和模型	1

（续表）

序号	内容与要求	课序	表现	水平
G03	通过研究一元一次方程、一元一次不等式与一次函数之间的关系，体会数形结合的数学思想，初步领略用函数知识分析问题的方法	4	形成数学方法与思想	2
G04	在探索直线 $y=kx+b$ 在坐标平面内的位置特征与常数 k、b 的符号之间关系的过程中，体会数形结合的数学思想，领会由特殊到一般的分析问题和解决问题的思维方法	6	形成数学方法与思想	2
G05	经历运用一次函数的知识分析和解决问题的过程，初步掌握通过建立函数模型做出预测与决策的基本方法	7	形成数学方法与思想	2
G06	在利用一次函数的图像分析和解决问题的活动中，提高从函数图像中获取信息的能力，体验数形结合的数学思想	8	形成数学方法与思想	2
Q01	在一次函数的概念引入和实际应用的过程中，进一步认识函数与现实生活密切相关，体验函数在实际生产生活中的应用	1、7、8	提出数学命题和模型	3

　　本单元的学习重点是用待定系数法等方法确定一次函数解析式及一次函数的图像与性质。数学抽象素养主要体现在两个变量之间的一次函数关系、一次函数与正比例函数及常值函数的关系、直线的截距等数学概念的形成过程；体现在认知一次函数的图像，归纳一次函数的性质，了解一次函数与一元一次方程、一元一次不等式之间的关系等数学命题的提出过程和解决一次函数实际问题的数学模型建立过程；体现在判断一次函数的方法、"描点法"、画一次函数图像的方法、待定系数法、直线 $y=kx+b$ 在坐标平面内的位置特征与常数 k、b 的符号之间关系，利用函数图像直观分析函数性质的数形结合思想、分类讨论思想、由特殊到一般等数学方法与思想的形成过程。

五、二次函数

　　本单元对应的课本内容为上教版《数学》九年级第一学期第二十六章"二次

函数"。

基于《上海市初中数学学科教学基本要求》,本单元总体学习内容与要求以及学习水平如下:懂得二次函数的概念(B 理解);会用待定系数法确定二次函数解析式(C 运用);初步运用描点法画二次函数的大致图像(B 理解);说明二次函数图像的平移规律(B 理解);懂得二次函数基本性质的直观描述(包括图像的顶点、开口方向、对称轴、图像变化趋势)(B 理解);会求二次函数图像的顶点坐标、对称轴(C 运用)。具体课时内容如表 2-8-9 所示:

表 2-8-9 "二次函数"课时内容

课序	课时内容
1	二次函数的概念
2	二次函数 $y=ax^2$ 的图像
3	二次函数 $y=ax^2+c$ 的图像
4	二次函数 $y=a(x+m)^2$ 的图像
5	二次函数 $y=ax^2+bx+c$ 的图像(1)——研究 $y=a(x+m)^2+k$ 的图像
6	二次函数 $y=ax^2+bx+c$ 的图像(2)——利用 $y=a(x+m)^2+k$ 的图像特征画图
7	二次函数 $y=ax^2+bx+c$ 的图像(3)——$y=ax^2+bx+c$ 的图像特征及画法
8	二次函数 $y=ax^2+bx+c$ 的图像(4)——概括 $y=ax^2+bx+c$ 的图像特征
9	二次函数 $y=ax^2+bx+c$ 的图像(5)——二次函数图像运用的基本问题
10	二次函数 $y=ax^2+bx+c$ 的图像(6)——运用二次函数解决实际问题

根据本单元具体的学习内容和要求,以及对应的学习水平,我们将学习内容以"知识与技能(Z)""过程与方法(G)""情感、态度与价值观(Q)"三个维度分解后逐一细化为具体内容,并关联前文所述数学抽象素养的主要表现与水平层级指标进行对应。(表 2-8-10)

表 2 - 8 - 10　"二次函数"数学抽象素养主要表现与水平层级

序号	内容与要求	课序	表现	水平
Z01	理解二次函数的概念	1	获得数学概念和规则	1
Z02	判断用解析式表示出来的两个变量之间的关系是不是二次函数	1	获得数学概念和规则	2
Z03	知道二次函数 $y=ax^2$ 的图像是抛物线	2	提出数学命题和模型	1
Z04	会用"描点法"画二次函数 $y=ax^2$ 的图像	2	形成数学方法与思想	1
Z05	掌握二次函数 $y=ax^2$ 的直观性质	2	提出数学命题和模型	2
Z06	知道由抛物线 $y=ax^2$ 得到抛物线 $y=ax^2+c$、$y=a(x+m)^2$ 的平移方法	3、4	形成数学方法与思想	1
Z07	掌握二次函数 $y=ax^2+c$、$y=a(x+m)^2$ 的直观性质	3、4	提出数学命题和模型	2
Z08	知道抛物线 $y=a(x+m)^2+k$ 与抛物线 $y=ax^2$ 之间的平移关系	5	形成数学方法与思想	1
Z09	掌握二次函数 $y=a(x+m)^2+k$ 的图像的直观性质	5	提出数学命题和模型	2
Z10	会用配方法将二次函数的解析式 $y=ax^2+bx+c$ 化为 $y=a(x+m)^2+k$ 的形式	7	形成数学方法与思想	2
Z11	掌握二次函数 $y=ax^2+bx+c$ 的图像的直观性质	8	提出数学命题和模型	2
Z12	已知二次函数图像上三点的坐标,会用待定系数法求函数解析式	9	形成数学方法与思想	2
Z13	能根据具体情境中两个变量之间的依赖关系列出二次函数解析式并确定函数的定义域,同时运用二次函数的知识解决简单的实际问题	1、10	提出数学命题和模型	2
G01	经历从实际问题引进二次函数概念的过程,体会用函数去描述、研究变量之间的变化规律的意义	1	提出数学命题和模型	2

（续表）

序号	内容与要求	课序	表现	水平
G02	经历建立二次函数 $y=ax^2+c$、$y=a(x+m)^2$ 的图像与 $y=ax^2$ 的图像之间联系的过程,知道由抛物线 $y=ax^2$ 得到抛物线 $y=ax^2+c$、$y=a(x+m)^2$ 的平移方法,归纳二次函数 $y=ax^2+c$、$y=a(x+m)^2$ 的直观性质,体会图形运动的运用	3、4	提出数学命题和模型	2
G03	在运用图像研究二次函数直观性质的过程中,领会数形结合的思想方法,提高观察、分析、归纳和概括的能力	2、3、4	形成数学方法与思想	2
G04	在研究二次函数的图像和直观性质的过程中,进一步领会数形结合的数学思想,体会由特殊到一般、分解与组合等探究问题的策略,进一步提高数学抽象能力和表达能力	5—10	形成数学方法与思想	2
Q01	在二次函数的概念引入和实际应用的过程中,进一步认识函数与现实生活密切相关,体验函数在实际生产生活中的应用,增强数学应用的意识	1、10	提出数学命题和模型	3

本单元的学习重点是二次函数解析式的确定及它的图像特征。数学抽象素养主要体现在两个变量之间的二次函数关系等数学概念的形成过程;体现在认知二次函数的图像、归纳特殊二次函数的性质以及一般二次函数的性质等数学命题的提出过程和解决二次函数实际问题的数学模型建立过程;体现在"描点法"、画特殊二次函数图像以及一般二次函数图像的方法、待定系数法、利用函数图像直观分析函数性质的数形结合思想、从特殊到一般、分解和组合等数学方法与思想的形成过程。

数据整理与概率统计

　　本知识板块的学习内容包括概率和统计的意义、随机事件与等可能事件概率、基本统计量与统计图表、数据整理与表示。根据《上海市中小学数学课程标准(试行稿)》,该阶段教学目标具体体现在了解概率与统计的意义;会收集、分析数据和从统计图表中获取信息;掌握常用统计图表的画法和基本统计量的计算方法,懂得根据统计结果作出合理推断;掌握简单的等可能事件概率的计算方法。本单元的学习使学生对概率与统计有初步的认识,初步形成概率意识与统计意识,为今后进一步学习概率论与数理统计奠定基础。根据《初中数学单元教学设计指南》关于单元规划的建议,选用基于内容主题进行单元规划,本知识板块具体划分为概率初步和统计初步两个单元。

一、概率初步

　　本单元对应的课本内容为上教版《数学》六年级第一学期第三章"比和比例"的"3.6 等可能事件"和八年级第二学期第二十三章"概率初步"。

　　基于《上海市初中数学学科教学基本要求》,本单元总体学习内容与要求以及学习水平如下:懂得频数、频率的概念(B 理解);懂得随机事件的概念、概率的概念(B 理解);懂得用频率的稳定值估计随机事件的概率(B 理解);初步会用树形图或表格列出等可能事件的所有情形(B 理解);懂得简单的等可能事件的概率的求法(B 理解)。具体课时内容如表 2 - 9 - 1 所示:

表 2 - 9 - 1 "概率初步"课时内容

课序	课时内容
1	等可能事件
2	确定事件和随机事件
3	事件发生的可能性
4	事件的概率(1)
5	事件的概率(2)
6	事件的概率(3)
7	概率的计算举例(1)
8	概率的计算举例(2)

根据本单元具体的学习内容和要求,以及对应的学习水平,我们将学习内容以"知识与技能(Z)""过程与方法(G)""情感、态度与价值观(Q)"三个维度分解后逐一细化为具体内容,并关联前文所述数学抽象素养的主要表现与水平层级指标进行对应。(表 2 - 9 - 2)

表 2 - 9 - 2 "概率初步"数学抽象素养主要表现与水平层级

序号	内容与要求	课序	表现	水平
Z01	知道等可能事件的概念	1	获得数学概念和规则	1
Z02	理解必然事件、不可能事件、随机事件等概念	2	获得数学概念和规则	1
Z03	知道确定事件与不确定事件的含义	2	获得数学概念和规则	1
Z04	会辨别生活中一些简单的事件	2	获得数学概念和规则	2
Z05	能根据经验判断随机事件发生的可能性大小并排出大小顺序	3	获得数学概念和规则	2
Z06	会用"一定发生""很有可能发生""可能发生""不太可能发生""一定不会发生"等词语来表述事件发生的可能性大小	3	获得数学概念和规则	2
Z07	知道事件概率的含义	4	获得数学概念和规则	1
Z08	知道不可能事件和必然事件的概率以及随机事件的概率的取值范围	4	获得数学概念和规则	1

（续表）

序号	内容与要求	课序	表现	水平
Z09	知道频率与概率之间的区别和联系	4	获得数学概念和规则	2
Z10	会根据大数次试验所得的频率估计事件的概率	4	形成数学方法与思想	1
Z11	通过实例理解等可能试验的概念	5	获得数学概念和规则	1
Z12	掌握等可能试验中事件的概率计算公式,会用公式来计算简单事件的概率	5	提出数学命题和模型	2
Z13	会运用枚举法分析等可能试验的所有结果	5	形成数学方法与思想	2
Z14	初步学会画树形图	6	提出数学命题和模型	1
Z15	初步会用画"树形图"的方法分析等可能试验中事件的概率问题,并进行概率计算	7	提出数学命题和模型	2
G01	经历随机试验的活动过程,理解随机事件发生的频率	4	获得数学概念和规则	2
G02	经历概率计算问题的分析、探究过程,进一步体会关于概率问题的分析和思考方法	7、8	形成数学方法与思想	2
G03	知道有些与几何图形有关的概率问题可转化为等可能试验中的概率问题,也有些等可能试验中的概率问题可转化为与几何图形有关的概率问题,初步学会运用转化思想和所学计算公式来解决简单的概率问题	8	形成数学方法与思想	2
Q01	在参与有关概率的随机试验活动中,增强科学精神和团队合作精神;初步学会用所学的概率知识解释生活中的一些简单的概率问题	4、5、6	提出数学命题和模型	3
Q02	树立初步的概率意识,认识机会与风险、规则公平性与决策合理性等	7、8	形成数学方法与思想	3

　　本单元的学习重点是通过列表、画树形图等方法枚举等可能试验所有可能发生的结果,计算等可能事件发生的概率,体会数学对于促进理性和公平有其独特的意义。数学抽象素养主要体现在确定事件,随机事件,事件的概率、频率,等可能试验等数学概念的形成过程;体现在归纳等可能试验事件概率计算公式的数学命题的提出过程,利用树形图计算等可能试验的概率和解释简单的概率问

题的数学模型建立过程;体现在"枚举法",通过大数次实验的频率值估计概率值,把等可能事件中的概率问题,以及集合图形有关的概率问题中的转化思想、概率意识、认识机会与风险、制定公平的规则与合理的决策等数学方法与思想的形成过程。

二、统计初步

本单元对应的课本内容为上教版《数学》六年级第一学期第三章"比和比例"的"3.5(2) 百分比的应用",第四章"圆与扇形"的"4.4(2) 扇形的面积"和九年级第二学期第二十八章"统计初步"。

基于《上海市初中数学学科教学基本要求》,本单元总体学习内容与要求以及学习水平如下:了解调查的目的与种类(A 识记);初步会用条形图、折线图、扇形图整理并显示数据(B 理解);初步会用频数、频率刻画一组数据的分布情况,初步会画频数分布直方图和频率分布直方图(B 理解);分析统计图表中数据分布或变化趋势的信息(C 运用);会用平均数、加权平均数、中位数、众数等统计量刻画一组数据的平均水平(C 运用);初步会用方差、标准差等统计量刻画一组数据的离散程度(B 理解);初步会用计算器求有关统计量(B 理解)。具体课时内容如表 2-9-3 所示:

表 2-9-3 "统计初步"课时内容

课序	课时内容
1	百分比应用中的统计问题
2	扇形统计图
3	数据的整理与表示
4	统计的意义
5	表示一组数据平均水平的量(1)——平均数、加权平均数
6	表示一组数据平均水平的量(2)——中位数、众数
7	表示一组数据波动程度的量(1)——方差
8	表示一组数据波动程度的量(2)——标准差
9	表示一组数据分布的量(1)——频数分布直方图

（续表）

课序	课时内容
10	表示一组数据分布的量(2)——频率分布直方图
11	统计实习

根据本单元具体的学习内容和要求，以及对应的学习水平，我们将学习内容以"知识与技能(Z)""过程与方法(G)""情感、态度与价值观(Q)"三个维度分解后逐一细化为具体内容，并关联前文所述数学抽象素养的主要表现与水平层级指标进行对应。（表2-9-4）

表2-9-4 "统计初步"数学抽象素养主要表现与水平层级

序号	内容与要求	课序	表现	水平
Z01	会制作表格和绘制条形图、折线图、扇形图对数据进行整理和表示	2、3	提出数学命题和模型	2
Z02	知道条形图、折线图、扇形图各自的特点，能从图中获取相关信息	1、2、3	形成数学方法与思想	2
Z03	知道统计的意义	4	获得数学概念和规则	1
Z04	理解总体、个体、样本、普查、抽样调查等有关概念	4	获得数学概念和规则	1
Z05	理解随机样本的含义	4	获得数学概念和规则	1
Z06	理解平均数、加权平均数的概念	5	获得数学概念和规则	1
Z07	会用有关公式计算一组数据的平均数或加权平均数	5	形成数学方法与思想	1
Z08	掌握用计算器计算平均数的技能	5	形成数学方法与思想	1
Z09	会根据随机样本的平均数估计总体平均数	5	形成数学方法与思想	1
Z10	理解中位数和众数的概念	6	获得数学概念和规则	1
Z11	会确定一组数据的中位数和众数	6	形成数学方法与思想	1
Z12	知道截尾平均数	6	获得数学概念和规则	1
Z13	知道平均数、中位数、众数的特点	6	获得数学概念和规则	2
Z14	能根据实际问题，从中选择合适的量来表示问题中一组数据的平均水平	6	形成数学方法与思想	2

序号	内容与要求	课序	表现	水平
Z15	会计算一组数据的方差和标准差	7	形成数学方法与思想	1
Z16	掌握用计算器计算方差和标准差的技能	8	形成数学方法与思想	1
Z17	能根据一组数据的方差或标准差来解释数据的波动性，并用于解决简单的实际问题	7、8	提出数学命题和模型	2
Z18	理解组频率的含义，知道可用频数、频率来表示一组数据的分布	9、10	获得数学概念和规则	1
Z19	对于一组数据，再给定分组的情况下会制作频数分布表、频率分布表，会绘制频数分布直方图和频率分布直方图	9、10	提出数学命题和模型	2
Z20	能从频率分布直方图和频率分布直方图中获取有关信息以及判断数据分布的情况	9、10	形成数学方法与思想	2
Z21	对人口、体重、身高等实际问题进行数据分析时，能从随机样本的分布估计总体的分布	10	形成数学方法与思想	1
G01	知道用随机样本来推断总体是重要的统计思想，初步会用这样的思想方法来估计总体数量	4	形成数学方法与思想	2
G02	经历方差和标准差概念的引进和形成过程，知道方差和标准差是表示一组数据波动程度的量	7	获得数学概念和规则	2
Q01	通过统计实习，感受统计知识在现实生活中的广泛应用和科学决策中的重要作用，增强统计意识，获得参与统计活动的体验和经验	11	提出数学命题和模型	3
Q02	能运用所学的统计知识解决现实生活中简单的统计问题，在统计活动中增强团队合作精神和社会实践能力	11	提出数学命题和模型	3

本单元的学习重点是计算基本统计量和用统计图表整理、显示数据；关键是在读取数据信息，挑选恰当的数据分析工具，对统计的结果解释，在交流活动中体会统计与现实生活的密切联系，增强统计分析意识。数学抽象素养主要体现在统计的意义、总体、个体、样本、普查、抽样调查、随机样本、平均数和加权平均

数、中位数、众数、截尾平均数、方差和标准差等数学概念的形成过程;体现在归纳方差和标准差与一组数据波动程度的关联性的数学命题的提出过程,绘制合适的统计图表对数据进行整理和表示,制作频数分布直方图和频率分布直方图,在现实生活中应用统计知识解决的实际问题的数学模型建立过程;体现在从复合统计图和不完整统计图中获取信息,用样本来推断总体的统计思想,利用有关公式计算平均数和加权平均数,会确定一组数据的中位数和众数并从中选择合适的量来表示一组数据的平均水平,会计算一组数据的方差和标准差,运用计算器计算,能从频率分布直方图和频率分布直方图中获取有关信息,以及判断数据分布的情况等数学方法与思想的形成过程。

第三章

聚焦课堂教学
培育数学抽象素养

　　基于对数学抽象素养的理论研究和教材关联研究,聚焦课堂教学关注数学抽象素养的培育。根据教学内容,将数学教学划分为概念教学、性质教学、问题教学、复习教学和探究教学五大类,展开数学抽象素养培育课堂教学研究。在数学课堂教学中,以数学抽象素养培育为教学设计隐性主线,形成三个教学设计阶段,分别为确定抽象素养培育载体阶段、实施抽象素养培育教学阶段和改进抽象素养培育设计阶段。第一阶段重在为抽象素养培育教学提供养分,第二阶段重在将抽象素养培育落到实处,第三阶段重在循环思考和实践,形成抽象素养培育的教学策略。根据不同教学内容的特征,围绕数学抽象素养培育的目标,形成显性的教学设计路径。

在概念教学中培育数学抽象素养

数学概念是反映一类事物在数量关系和空间形式方面的本质属性的思维形式,具有普遍意义。数学概念是构成数学知识体系的重要组成部分,是推导数学法则和定理的逻辑基础,是解决数学问题和进行数学论证的理论依据。

一、概念教学与数学抽象素养之间内涵关联

概念教学是使学生掌握数学概念,形成对数学基本的、概括性的认识,即明确概念的内涵外延,熟悉其表述,了解概念之间的关系,会对概念进行分类,从而形成概念系统,了解概念的来龙去脉,能够正确运用概念。概念教学有赖于对数学概念的认识,必须体现概念的形成过程。概念形成过程实质上是抽象出某一类对象或事物的共同本质特征的过程,让学生参与概念本质特征的概括活动。数学概念高度凝结着数学家的思维,是数学地认识事物的思想精华,是数学家智慧的结晶,蕴含着丰富的抽象素养培育的素材。所以,数学概念教学的意义不仅在于使学生掌握书本知识,更重要的是让他们从中体验数学家概括数学概念的心路历程,领悟数学家用数学的观点看待和认识世界的思想真谛,以数学概念的高度抽象为载体,在教学过程中通过关注数学概念的形成与概念特征的概括,达成提升学生数学抽象素养的目标。

二、培育数学抽象素养之概念教学设计路径

根据确定抽象素养培育载体、实施抽象素养培育教学和改进抽象素养培育设计的三阶段整体设计框架,形成概念教学可视化的教学设计路径(图3-1-1)。在确定抽象素养培育载体阶段,通过梳理单元背景下的数学概念链,厘清概念背后

的数学思维、概念之间的生成关联,定位概念链中的数学抽象素养培育着眼点。在实施抽象素养培育教学阶段,关键点在于如何充分发挥概念链中培育点的载体作用,即重在概念教学的教学活动设计上。在改进抽象素养培育设计阶段,反思概念教学中培育学生抽象素养的实效,并对教学设计提出改进建议,为概念教学中落实数学抽象素养培育积淀有效教学策略。

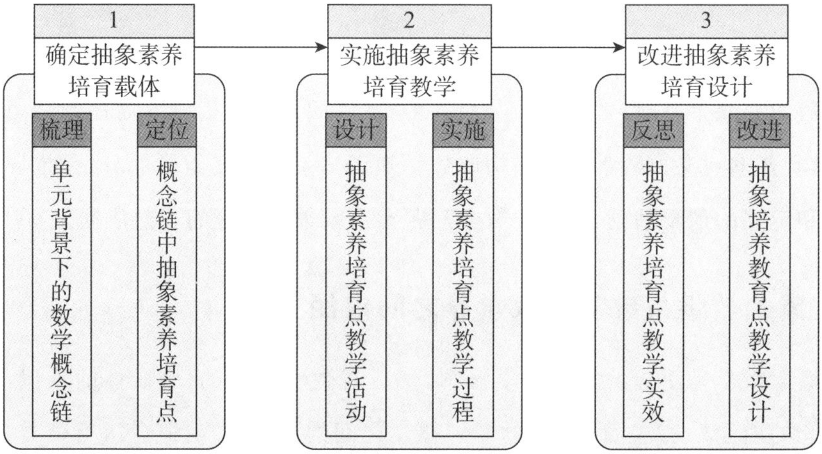

图 3-1-1 培育数学抽象素养之概念教学设计路径

三、概念教学中培育数学抽象素养教学案例

根据培育数学抽象素养之概念教学设计路径,展开概念教学设计和实践,通过行动研究,落实"体现概念的形成过程"这一概念教学核心理念。概念教学案例 1——"14.1(2) 三角形的有关概念"来自上教版《数学》七年级第二学期第十四章第一节第二课时;概念教学案例 2——"24.6(1) 实数与向量相乘"来自上教版《数学》九年级第一学期第二十四章第四节第一课时。概念教学案例 3——"26.1 二次函数的概念"来自上教版《数学》九年级第一学期第二十六章第一节第一课时。

案例1　"14.1(2) 三角形的有关概念"

1.梳理单元背景下的数学概念链

本教学案例属于单元"三角形的有关概念与性质"。本单元内容包括三角形的有关概念和符号表示;三角形三边之间的关系;三角形的高、中线、角平分线的含义并会画这些基本线段;三角形的分类;认识各类三角形的三条中线、三条角平分线和三条高所在直线的交点问题;三角形内角和的性质;三角形的外角及外角和的含义;三角形的外角性质。

本单元中的主要概念有三角形的有关概念,三角形三边之间的关系,三角形的高、中线、角平分线的含义,三角形的分类,三角形的外角及外角和的含义。本单元的概念链示意图如图3-1-2所示:

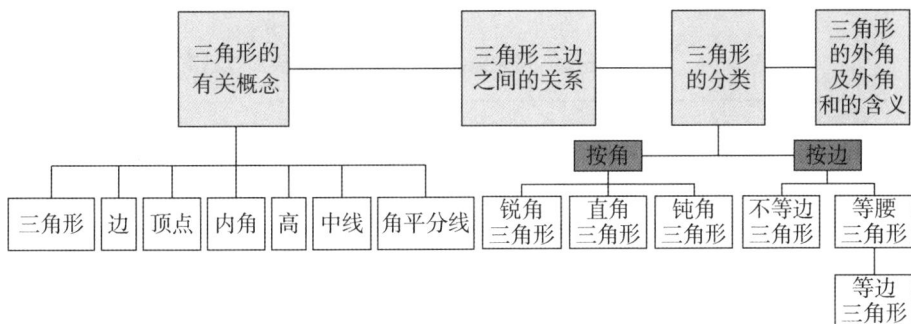

图3-1-2　"三角形的有关概念与性质"单元概念链

在本概念链中,"三角形的有关概念"可以用讲授法直接给出定义,也可以用对话法建构定义;"三角形三边之间的关系"可以用发现法和对话法引导探究;"三角形的分类"可以用发现法从"边"和"角"两个角度探究,归纳三角形分类的方法和标准;"三角形的外角及外角和的含义"可以用讲授法直接给出定义,用对话法对概念关键细节进行辨析。(图3-1-3)

2.定位概念链中抽象素养培育点

本案例单元的概念教学中对应数学抽象素养培育点主要表现在"获得数学概念和规则",并主要指向"获得数学概念和规则"的水平一和水平二,即"能够在

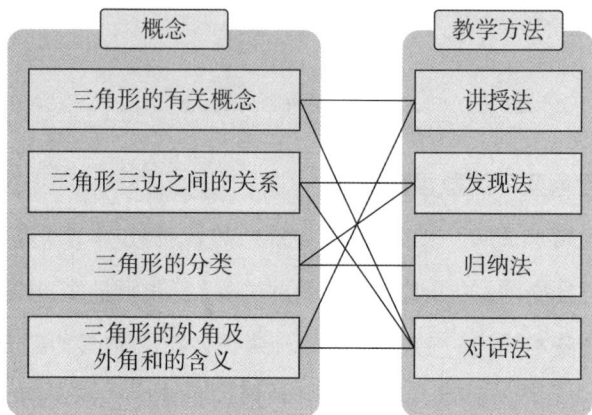

图 3-1-3 "三角形的有关概念与性质"概念教学方法选择建议

熟悉的情境中直接抽象出数学概念和规则;能够解释数学概念和规则的含义"和
"能够在关联的情境中抽象出一般的数学概念和规则;能够用恰当的例子解释抽
象的数学概念和规则"。具体素养培育点定位如表 3-1-1 所示:

表 3-1-1 "三角形的有关概念与性质"数学抽象素养培育点

核心概念	主要表现	水平层级	培育点说明
三角形的 有关概念	获得数学 概念和规则	1	从图形抽象出概念,基于概念理解画三角形的高、中线、角平分线。
三角形三边 之间的关系	获得数学 概念和规则	2	从实例中抽象出三角形三边之间的关系。
三角形的分类	获得数学 概念和规则	2	从实例中抽象出三角形分类的方法和标准。
三角形的外角及 外角和的含义	获得数学 概念和规则	1	从图形抽象出概念,注重概念的概括和语言表达。

3. 设计抽象素养培育点教学活动

通过梳理单元概念链和教学方法,基于数学抽象素养培育点的进一步定位,
以课时为单位,展开概念教学活动设计。本案例以本单元第二课时为例,对抽象

素养培育教学活动设计进行说明。

教学目标及教学重难点分析：

首先，进行教学目标及教学重点、教学难点分析（表 3-1-2），明确抽象素养培育点在本课时课堂教学中的地位。

表 3-1-2　"14.1(2) 三角形的有关概念"教学目标及重难点分析

教学目标	1. 进一步理解三角形的有关概念，能直观判断三角形的形状，准确熟练地画出三角形的中线、角平分线和高； 2. 在观察、比较三角形的边长、角的大小特征的过程中，理解三角形的分类，进一步体会分类的思想； 3. 经历画图和比较，探索和认识三角形的三条中线、三条角平分线、三条高所在的直线的交点问题，体验图形分析和抽象归纳并感受"数学美"。
教学重点	1. 理解三角形的分类，初步体会分类的思想和方法； 2. 经历画图和比较，体验图形分析和抽象归纳。
教学难点	1. 三角形按边分类的理解； 2. 三角形三条高所在直线的交点问题。

其次，通过教学目标分析，明确"三角形的分类"是本课时的教学重点，其中"按边分类的理解"是本课时的教学难点。

抽象素养培育点教学活动设计：

针对"三角形的分类"这一数学抽象素养培育点展开教学活动设计，采用发现法和归纳法，对于"三角形按边分类的理解"这一教学难点，通过实例创设情境，通过问题驱动引出认知矛盾，基于对分类原则的理解，学生经历三角形按边分类概念的形成，对三角形按边分为"不等边三角形"和"等腰三角形"两类形成知识认同，自然经历抽象归纳的数学思维过程。具体环节如表 3-1-3 所示：

表 3-1-3 抽象素养培育点"三角形的分类"教学活动设计

环节	内容	意义	方法
情境创设	请判断下列线段（单位长度：cm）能否围成三角形，并说明理由。 (1) 4、5、6　　(2) 3、8、5 (3) 3、5、4　　(4) 4、9、6 (5) 3、3、3　　(6) 2、6、3 (7) 5、9、5　　(8) 7、7、2 观察上述形状各异的三角形，思考如何对三角形进行分类。	从复习三角形三边之间的关系出发，提供若干个三角形的图形，创设问题情境，让学生进行分类探究，孕育数学抽象。	观察法
问题驱动	从边和角两个角度研究三角形的分类。	从三角形的基本元素出发形成三角形分类的两条路径，从直观感知到理性思考，培育数学抽象。	归纳法
构建概念	观察和归纳从角出发进行三角形分类的方法和标准，构建锐角三角形、直角三角形、钝角三角形的相关概念。	观察三角形三个内角的特征，对三角形进行分类，从图形观察比较到文字概括归纳，再从概念文字理解到具体图形解释，培育数学抽象。	观察法 归纳法
	观察和归纳从边出发进行三角形分类的方法和标准，构建不等边三角形、等腰三角形和等边三角形的概念，形成概念逻辑。	以三角形按边分类为问题驱动，观察三角形三边长的特征，对三角形进行分类，从图形观察比较到文字概括归纳，理解等腰三角形与等边三角形的一般与特殊关系，体会分类标准，培育数学抽象。	观察法 归纳法
解释概念	以身边熟悉的三角形物体解释三角形的分类。	体会在具体的问题中解释概念的过程。	观察法 归纳法

4. 实施抽象素养培育点教学过程

教师根据教学活动设计具体实施课堂教学过程，分为情境创设、构建概念、解释概念三个教学环节，在具体的课堂教学实施中观察学生的行为特征，关注数学抽象素养培育过程中的教学具体实施难点，为改进教学提供支撑。（表3-1-4）

表 3－1－4　抽象素养培育点"三角形的分类"教学过程

环节	教学过程	学生表现
情境创设	观察上述形状各异的三角形,思考如何对三角形进行分类。	能从三角形的基本元素边和角出发,形成从边和角两个角度进行三角形分类的思维路径。
问题驱动	你将按什么标准对三角形进行分类?	
构建概念		顺利构建三角形按角分类的概念体系;顺利构建不等边三角形、等腰三角形和等边三角形独立概念,但形成按边分类的概念体系时,学生初步认知不完全正确,认为应分为三类,经过矛盾冲突改进认知,达成概念认同。
解释概念	请观察三角板,一副三角板中的两个三角形分别是什么类型的三角形?	能在具体的问题中解释数学概念的规则和含义。

5. 反思抽象素养培育点教学实效

在"三角形的分类"这一数学抽象素养培育点的实际教学过程中,学生经历"探究三角形的分类"这一教学活动,在构建分类标准,形成按角分类概念体系,理解抽象文字概念,解释边角分类规则等方面基本达到课堂教学预设的抽象素养培育目标。

三角形按边分类概念体系的构建是学生在学习过程中的难点,但也是数学抽象素养培育的高阶载体。教学中的直接提问"三角形按边分类可以分为几类",学生容易冲动回答"三种",进入概念构建的误区,不能较好地达成经历概念构建培育数学抽象素养的目标。

6. 改进抽象素养培育点教学设计

对于三角形按边分类概念体系的建立,已经预设为教学难点,在教学过程中的问题驱动环节可以设计得更为显性,有利于学生在构建概念之初经历多质疑多思考,充分体会概念构建的抽象过程。根据以上的思考,将教学环节进行如下的改进(表3-1-5):

表3-1-5　抽象素养培育点"三角形的分类"教学改进

环节	改进前	改进后
构建概念	提问:三角形按边分类可以分为几类?	定义:不等边三角形 　　　等腰三角形 　　　等边三角形 提问1:三角形按边分为不等边三角形、等腰三角形和等边三角形,你同意吗?为什么? 提问2:前例中给出的六个三角形按边分类分别属于什么三角形?其中三边长都为3的三角形属于哪一类? 提问3:三角形按边分类可以分为几类?

通过矛盾冲突式情境创设,鼓励学生质疑"三角形按边分为不等边三角形、等腰三角形、等边三角形三类",在质疑的过程中引导学生紧扣不等边三角形概念的理解,获得数学是玩概念的真实体会,充分经历用概念思维的过程;以不等边三角形概念的理解为载体,大胆质疑,独立思考,体会直观感知与理性思考的联系和区别;重视挖掘和利用学生课堂生成的认知矛盾冲突和抽象素养火花,有效地提问,充分利用质疑激发具体上升抽象,抽象解释具体,通过严谨的思考有效达成培育学生的数学抽象素养的目标。

案例2　"24.6(1)　实数与向量相乘"

1.梳理单元背景下的数学概念链

本教学案例属于单元"平面向量的线性运算"。本单元内容包括引进实数与向量相乘的运算,掌握实数与向量相乘的表示方法和画图方法;引进实数与向量相乘的运算律,并用于化简关于向量的算式;引进平行向量、单位向量,了解利用向量关系式判断两个向量平行的方法;理解向量的线性运算的含义,知道用两个不平行的向量表示平面内一个向量表达式的特征;引进向量的分解式,学会画平面内一个向量在已知两个不平行向量方向上的分向量。

本单元中的主要概念有实数与向量相乘的意义,平行向量定理,平行向量,单位向量,向量线性运算的意义,向量的分解式等,概念链示意图如图 3-1-4 所示:

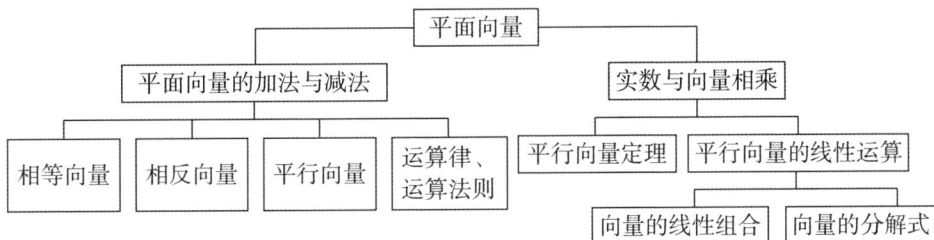

图 3-1-4　"平面向量的线性运算"单元概念链

在本概念链中,"实数与向量相乘的意义"可以用讲授法直接给出定义,也可以用归纳法建构定义;"实数与向量相乘的运算律"可以用发现法引导学生类比数的乘法,探讨数与向量相乘的运算;然后可以用讲授法直接给出定义,再利用对话法,为引进"向量的线性运算"确立认知基础。(图 3-1-5)

2.定位概念链中抽象素养培育点

本案例单元的概念教学中对应数学抽象素养培育点主要表现在"获得数学概念和规则",并主要指向"获得数学概念和规则"的水平一,即"能够在熟悉的情

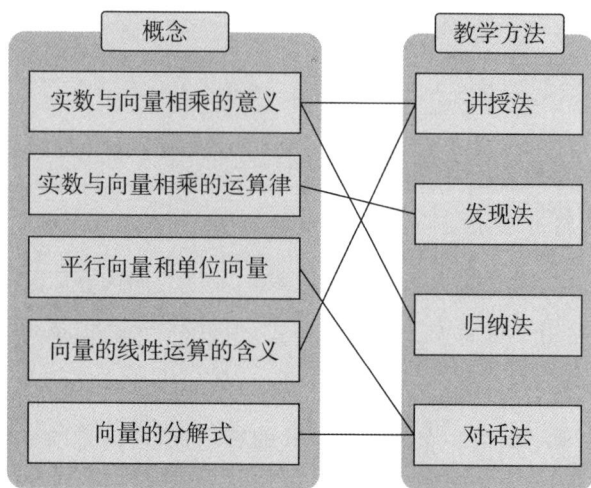

图 3-1-5 "平面向量的线性运算"概念教学方法选择建议

境中直接抽象出数学概念和规则;能够解释数学概念和规则的含义"。具体素养培育点定位如表 3-1-6 所示:

表 3-1-6 "平面向量的线性运算"数学抽象素养培育点

核心概念	主要表现	水平层级	培育点说明
实数与向量相乘的意义	获得数学概念和规则	1	通过类比数的乘法,通过画图,观察并抽象出实数与向量相乘的运算。
实数与向量相乘的运算律	获得数学概念和规则	1	从算式的化简形式发现变化规律,对实数与向量相乘的运算律进行归纳抽象。
平行向量和单位向量	获得数学概念和规则	1	引入平行向量和单位向量,完成向量初步知识的构建。
向量的线性运算的含义	获得数学概念和规则	1	通过画图,抽象出向量的线性运算的含义。
向量的分解式	获得数学概念和规则	1	通过将平面内一个向量用给定的两个不平行向量表示,抽象出向量的分解式概念。

3. 设计抽象素养培育点教学活动

通过梳理单元概念链和教学方法,基于数学抽象素养培育点的进一步定位,以课时为单位,展开概念教学活动设计。本案例以本单元第一课时为例,对抽象素养培育教学活动设计进行说明。

教学目标及教学重难点分析：

首先，进行教学目标及教学重点、教学难点分析（表3-1-7），明确抽象素养培育点在本课时课堂教学中的地位。

表3-1-7 "24.6(1) 实数与向量相乘"教学目标及重难点分析

教学目标	1. 通过类比的方法理解实数与向量相乘的意义，掌握实数与向量相乘的表示方法以及几何意义； 2. 能画出给定的一个非零实数和一个非零向量相乘所得的向量，并能联系已学过的几何知识，正确地用已知向量表示其他向量。
教学重点	掌握实数与向量相乘的表示方法和画图方法。
教学难点	理解实数与向量相乘的意义。

其次，通过教学目标分析，明确"实数与向量相乘"是本课时的教学重点，其中"理解实数与向量相乘的意义"是本课时的教学难点。

抽象素养培育点教学活动设计：

针对"实数与向量相乘"这一数学抽象素养培育点展开教学活动设计，采用讲授法、发现法、归纳法，对于"实数与向量相乘的表示方法和画图方法"这一教学重点，通过实例操作，体会实数与向量相乘的几何表示。本节课的主要内容是实数与向量相乘的定义、运算律及其初步运用。内容的展开以问题、例题为载体，从特殊到一般、从具体到抽象逐步递进，注重基本知识的归纳和形成。具体环节如表3-1-8所示：

表3-1-8 抽象素养培育点"实数与向量相乘"教学活动设计

环节	内容	意义	方法
情境创设	我们知道，几个相同的数连加的运算是乘法，那么几个相同的向量连加，能否像几个相同的数连加一样，把它表示为乘法运算的形式呢？	采用了课本中的引入方法：通过类比"几个相同的数连加的运算"，引出"正整数与向量相乘"的运算。	讲授法

环节	内容	意义	方法
概念形成	探索:已知非零向量 $\vec{a}$,那么 $\vec{a}+\vec{a}+\vec{a}$ $=?$ $(-\vec{a})+(-\vec{a})+(-\vec{a})=?$ 一般地,设 n 为正整数,$\vec{a}$ 为向量,那么我们用 $n\vec{a}$ 表示 n 个 $\vec{a}$ 相加;用 $-n\vec{a}$ 表示 n 个 $-\vec{a}$ 相加。又当 m 为正整数时,$\frac{n}{m}\vec{a}$ 表示与 $\vec{a}$ 同向且长度为 $\frac{n}{m}|\vec{a}|$ 的向量。	在教学过程中指出,"实数与向量相乘"其实是向量的放缩运动,以此建立起两者的联系,有助于学生理解"实数与向量相乘"的几何意义。	讲授法 归纳法
问题驱动	探究: (1) 实数与向量相乘的结果是什么? (2) 实数与向量相乘的结果是一个怎样的向量?	问题的探究,让学生通过观察,体会从特殊到一般、从具体到抽象,注重知识的归纳和形成。	归纳法
概念形成	观察和归纳: 设 k 是一个实数,$\vec{a}$ 是向量,那么 k 与 $\vec{a}$ 相乘所得的积是一个向量,记作 $k\vec{a}$。 如果 $k\neq0$,且 $\vec{a}\neq\vec{0}$,那么 $k\vec{a}$ 的长度 $|k\vec{a}|=|k||\vec{a}|$。 $k\vec{a}$ 的方向:当 $k>0$ 时,$k\vec{a}$ 与 $\vec{a}$ 同方向;当 $k<0$ 时,$k\vec{a}$ 与 $\vec{a}$ 反方向。 如果 $k=0$ 或 $\vec{a}=\vec{0}$,那么 $k\vec{a}=\vec{0}$。	观察前面对整数与向量相乘的具体分析,从图形观察比较到概括归纳,再从概念文字理解到具体图形解释,认识到实数与向量相乘规定的合理性,培育数学抽象。	讲授法 归纳法
	探索实数与向量相乘的表示方法和画图方法。 如果两个非零向量是平行向量,那么其中一个向量能否用某一实数与另一个向量相乘来表示?	利用具体图形,通过具体问题讨论,抽象得到"两个向量平行"与"实数与向量相乘"可以相互表示。	归纳法
解释概念	例题:已知非零向量 $\vec{a}$,求作:$\frac{5}{2}\vec{a}$,$-\sqrt{3}\vec{a}$。 $\vec{a}$ 再求作:(1) $\frac{7}{4}\vec{a}$;(2) $-2\vec{a}$。	通过实际操作活动,体会实数与向量相乘的几何表示。	讲授法

4. 实施抽象素养培育点教学过程

　　教师根据教学活动设计具体实施课堂教学过程,分为情境创设、构建概念、解释概念三个教学环节,在具体的课堂教学实施中观察学生的行为特征,关注数学抽象素养培育过程中的教学具体实施难点,为改进教学提供支撑。（表 3 - 1 - 9）

表3-1-9 抽象素养培育点"实数与向量相乘"教学过程

环节	教学过程	学生表现
情境创设	我们知道,几个相同的数连加的运算是乘法,那么几个相同的向量连加,能否像几个相同的数连加一样,把它表示为乘法运算的形式呢?	学生进行知识的迁移。
概念形成	探索:已知非零向量 $\vec{a}$,那么 $\vec{a}+\vec{a}+\vec{a}=?$ $(-\vec{a})+(-\vec{a})+(-\vec{a})=?$ 一般地,设 n 为正整数 $\vec{a}$ 为向量,那么我们用 $n\vec{a}$ 表示 n 个 $\vec{a}$ 相加;用 $-n\vec{a}$ 表示 n 个 $-\vec{a}$ 相加。又当 m 为正整数时,$\frac{n}{m}\vec{a}$ 表示与 $\vec{a}$ 同向且长度为 $\frac{n}{m}|\vec{a}|$ 的向量。	学生从已有的知识比较容易抽象出相关知识结构。
问题驱动	探究: (1) 实数与向量相乘的结果是什么? (2) 实数与向量相乘的结果是一个怎样的向量?	学生根据设问去思考、归纳,逐步形成概念。
概念形成	观察和归纳: 设 k 是一个实数,$\vec{a}$ 是向量,那么 k 与 $\vec{a}$ 相乘所得的积是一个向量,记作 $k\vec{a}$。 如果 $k\neq0$,且 $\vec{a}\neq\vec{0}$,那么 $k\vec{a}$ 的长度 $|k\vec{a}|=|k||\vec{a}|$。$k\vec{a}$ 的方向:当 $k>0$ 时,$k\vec{a}$ 与 $\vec{a}$ 同方向;当 $k<0$ 时,$k\vec{a}$ 与 $\vec{a}$ 反方向。 如果 $k=0$ 或 $\vec{a}=\vec{0}$,那么 $k\vec{a}=\vec{0}$。	通过代数思考和分析,观察得出实数与向量相乘与向量放缩之间的联系。
	探索实数与向量相乘的表示方法和画图方法。 如果两个非零向量是平行向量,那么其中一个向量能否用某一实数与另一个向量相乘来表示?	学生能抽象得到"两个向量平行"与"实数与向量相乘"可以相互表示。
解释概念	例题:已知非零向量 $\vec{a}$,求作:$\frac{5}{2}\vec{a}$,$-\sqrt{3}\vec{a}$。 $\vec{a}$ 再求作:(1) $\frac{7}{4}\vec{a}$;(2) $-2\vec{a}$。	通过实际操作活动,学生基本会画实数与向量相乘后的向量。

5. 反思抽象素养培育点教学实效

在"实数与向量相乘"这一数学抽象素养培育点的实际教学过程中,学生经历类比"几个相同的数连加的运算",引出"正整数与向量相乘"的运算;然后推广到整数、有理数与向量相乘,再抽象得到"实数与向量相乘"的定义。这一教学活动之后,引出实数与向量相乘的表示方法,理解得到的概念,并能根据给定的一个非零实数和一个非零向量,画出它们相乘的向量,基本达到课堂教学预设的抽象素养培育目标。

引进实数与向量相乘的运算,使学生掌握实数与向量相乘的表示方法和画图方法教学的重点,也是数学抽象素养培育的高阶载体。在教学过程中重视挖掘和利用学生课堂生成的认知矛盾冲突和抽象素养火花,有效提问,充分利用质疑激发具体上升抽象,抽象解释具体,达到落实抽象素养培育的目标。

6.改进抽象素养培育点教学设计

向量是近代数学中重要的数学概念之一,是把几何问题代数化的重要工具之一。在八年级的"四边形"中,已引进了向量的概念及其加减运算,在九年级第一学期进行实数与向量相乘教学是初中阶段的第二次。在创设情境环节中,通过类比"几个相同的数连加的运算",引出"正整数与向量相乘"的运算,然后推广到整数、有理数以及实数与向量相乘。从整个过程来看,学生一直在教师的指挥棒下,略显被动地抽象出实数与向量相乘的意义。

但课堂的主人应该是学生,通过本节课的学习,使学生进一步认识到向量作为一种量,也同其他的量一样有自己的运算,实数与向量相乘实际上就是图形的放缩运动,学好本节课将为后面学习向量的其他知识奠定基础,为用"数"的运算解决"形"的问题提供工具和方法。根据以上的思考,将教学环节进行如下的改进(表3-1-10):

表3-1-10　抽象素养培育点"实数与向量相乘"教学改进

环节	改进前	改进后
情境创设	我们知道,几个相同的数连加的运算是乘法,那么几个相同的向量连加,能否像几个相同的数连加一样,把它表示为乘法运算的形式呢?	问题引入: $a+a+a=3a$ $(-a)+(-a)+(-a)=-3a$ $\underbrace{a+a+\cdots+a}_{n\text{个}}=na$(其中 n 为正整数) 类比"几个相同的数连加的运算",引出"正整数与向量相乘"的运算。 画一画:已知非零向量 $\vec{a}$,那么 $\vec{a}+\vec{a}+\vec{a}=$？ $(-\vec{a})+(-\vec{a})+(-\vec{a})=$？ 然后推广到整数、有理数与向量相乘。

（续表）

环节	改进前	改进后
概念形成	探索几个非零向量的和,观察和归纳: 设 k 是一个实数,$\vec{a}$ 是向量,那么 k 与 $\vec{a}$ 相乘所得的积是一个向量,记作 $k\vec{a}$ 。 如果 $k\neq 0$,且 $\vec{a}\neq\vec{0}$,那么 k 的长度 $|k\vec{a}|=|k||\vec{a}|$ 。 $k\vec{a}$ 的方向:当 $k>0$ 时,$k\vec{a}$ 与 $\vec{a}$ 同方向;当 $k<0$ 时,$k\vec{a}$ 与 $\vec{a}$ 反方向。 如果 $k=0$ 或 $\vec{a}=\vec{0}$,那么 $k\vec{a}=\vec{0}$ 。	说一说:向量 $\overrightarrow{OB}$ 的方向与向量 $\overrightarrow{OC}$ 的方向是否相同? 它的长度与向量 $\overrightarrow{OC}$ 的长度有什么关系? 探索几个非零向量的和,观察和归纳: 设 k 是一个实数,$\vec{a}$ 是向量,那么 k 与 $\vec{a}$ 相乘所得的积是一个向量,记作 $k\vec{a}$ 。 如果 $k\neq 0$,且 $\vec{a}\neq\vec{0}$,那么 k 的长度 $|k\vec{a}|=|k||\vec{a}|$ 。 $k\vec{a}$ 的方向:当 $k>0$ 时,$k\vec{a}$ 与 $\vec{a}$ 同方向;当 $k<0$ 时,$k\vec{a}$ 与 $\vec{a}$ 反方向。 如果 $k=0$ 或 $\vec{a}=\vec{0}$,那么 $k\vec{a}=\vec{0}$ 。

在教学过程中增加了画图环节,以及辨析向量 $\overrightarrow{OB}$ 与向量 $\overrightarrow{OC}$ 的方向与长度关系,通过画图以及辨析,学生探索:“数与向量相乘的结果是什么? 它是一个怎样的向量?”从特殊到一般,从具体到抽象,自然地抽象出实数与向量相乘的意义。再通过画图,充分认识实数与向量相乘规定的合理性。通过操作、归纳、抽象到再实践的过程,更加有效地达成培育学生的数学抽象素养的目标。

案例 3　“26.1　二次函数的概念”

1. 梳理单元背景下的数学概念链

本教学案例属于单元“二次函数”。本单元内容包括二次函数的概念;知道二次函数的图像是抛物线;会用描点法画出用解析法表示的二次函数的大致图像;知道通过平移 $y=ax^2$ 的图像得到二次函数 $y=ax^2+c$,$y=a(x+m)^2$ 和 $y=a(x+m)^2+k$ 的图像的规律;会用配方法把二次函数的解析式 $y=ax^2+bx+c$ 化为 $y=a(x+m)^2+k$ 的形式;根据二次函数的解析式,认识函数的直观性质;用待定系数法确定二次函数的解析式;用二次函数的知识解决简单的实际问题。

本单元主要概念有二次函数的概念,特殊二次函数的图像及特征,二次函数的图像和简单运用,概念链示意图如图 3－1－6 所示:

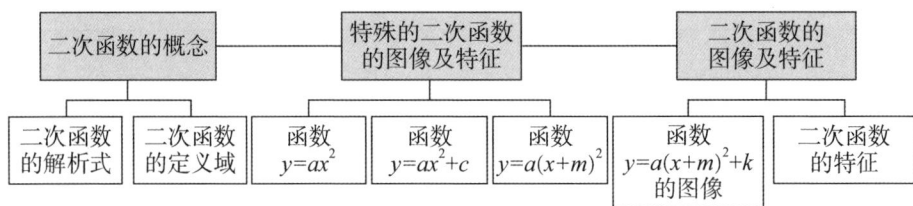

图3-1-6 "二次函数"单元概念链

在本概念链中,"二次函数的概念"可以用讲授法直接给出定义,也可以用对话法建构定义;"特殊的二次函数的图像及特征"可以用发现法和对话法引导探究;"二次函数的图像和应用"也可以用发现法和归纳法引导探究,从而归纳得出运用配方法将一般式化为顶点式。(图3-1-7)

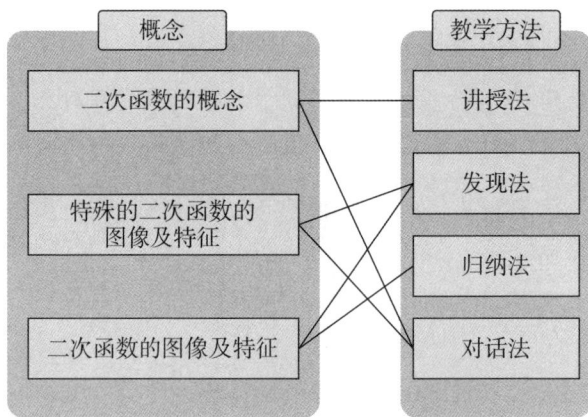

图3-1-7 "二次函数"概念教学方法选择建议

2.定位概念链中抽象素养培育点

本案例单元的概念教学中对应数学抽象素养培育点主要表现在"获得数学概念和规则",并主要指向"获得数学概念和规则"的水平一和水平二,即"能够在已经学习过的函数背景下直接抽象出二次函数的数学概念;能够理解二次函数的解析式"和"能够通过正比例函数、反比例函数、一次函数等内在关联抽象出二次函数的相关概念;能够用恰当的例子解释抽象的二次函数概念"。具体素养培育点定位如表3-1-11所示。

表 3 - 1 - 11 "二次函数"数学抽象素养培育点

核心概念	主要表现	水平层级	培育点说明
二次函数的概念	获得数学概念和规则	1	能从简单实例中归纳二次函数解析式特征,建立二次函数的概念。
特殊的二次函数的图像及特征	获得数学概念和规则	2	通过图像观察、分析和归纳得出特殊的二次函数的图像的特征,领悟数形结合思想。
二次函数的图像及特征	获得数学概念和规则	2	能够通过二次函数的图像获得一般的二次函数的特征,进而提高解决数学问题的能力。

3. 设计抽象素养培育点教学活动

通过梳理单元概念链和教学方法,基于数学抽象素养培育点的进一步定位,以课时为单位,展开概念教学活动设计。本案例以本单元第一课时为例,对抽象素养培育教学活动设计进行说明。

教学目标及教学重难点分析:

首先,进行教学目标及教学重点、教学难点分析(表 3 - 1 - 12),明确抽象素养培育点在本课时课堂教学中的地位。

表 3 - 1 - 12 "26.1 二次函数的概念"教学目标及重难点分析

教学目标	1. 理解二次函数的概念;能判断用解析式表示出来的两个变量之间的关系是不是二次函数; 2. 对简单的实际问题,能根据具体情境中两个变量之间的依赖关系列出二次函数解析式,并确定函数的定义域; 3. 经历从实际问题引进二次函数概念的过程,体会函数是描述、研究变量之间的变化规律的重要工具。
教学重点	1. 理解二次函数的概念; 2. 初步学会用二次函数描述实际问题中两个变量之间的依赖关系。
教学难点	求实际问题中二次函数的定义域。

其次,通过教学目标分析,明确"二次函数的概念"是本课时的教学重点,其中"求实际问题中二次函数的定义域"是本课时的教学难点。

抽象素养培育点教学活动设计:

针对"二次函数的概念"这一数学抽象素养培育点展开教学活动设计,采用讲授法和对话法,对于"实际问题中二次函数的定义域"这一教学难点,通过实例创设情境,使学生感知生活中的函数模型,从而理解自变量的取值范围是由实际情境得出的,进而根据实际情况获得正确的定义域。具体环节如表3-1-13所示:

表3-1-13　抽象素养培育点"二次函数的概念"教学活动设计

环节	内容	意义	方法
情境创设	由实际问题引入,提出6个简单并且连贯的问题。观察这几个函数,比较它们的区别与联系。	从复习已经学习过的正比例函数、反比例函数、一次函数出发,结合实际问题,创设情境,孕育数学抽象。	观察法
构建概念	观察问题中所给出的各个函数,归纳得出二次函数的概念。	观察问题情境中的函数解析式,归纳得出二次函数的解析式和定义域,培育数学抽象。	观察法归纳法

4. 实施抽象素养培育点教学过程

教师根据教学活动设计具体实施课堂教学过程,分为情境创设、构建概念、概念辨析三个教学环节,在具体的课堂教学实施中观察学生行为特征,关注数学抽象素养培育过程中的教学具体实施难点,为改进教学提供支撑。(表3-1-14)

表3-1-14　抽象素养培育点"二次函数的概念"教学过程

环节	教学过程	学生表现
情境创设	问题引入: 问题1:如果正方形的边长是x厘米,那么它的周长y厘米是边长x厘米的函数,y关于x的函数解析式是什么? 问题2:一个边长为1厘米的正方形,如果它的边长增加x厘米,周长为y厘米,那么y关于x的函数解析式是什么? 问题3:如果正方形的边长是x厘米,那么它的面积y平方厘米是边长x厘米的函数,y关于x的函数解析式是什么? 问题4:一个边长为4厘米的正方形,若它的边长增加x厘米,则面积随之增加y平方厘米,那么y关于x的函数解析式是什么? 问题5:一个面积为5平方厘米的长方形,一条边长是x厘米,与其相邻的一边长是y厘米,那么y关于x的函数解析式是什么? 问题6:把一根40厘米长的铁丝分为两段,再分别把每一段弯折成一个正方形。设其中一个正方形的边长为x厘米,两个正方形的面积和为y平方厘米,那么y关于x的函数解析式是什么?	能从已学过的函数出发,观察新解析式的右边是二次整式的形式,从而归纳获得二次函数的概念。

（续表）

环节	教学过程	学生表现
构建概念	二次函数的定义： 一般地，解析式形如 $y=ax^2+bx+c$（其中 a、b、c 是常数，且 $a\neq0$）的函数叫做二次函数。 二次函数的定义域为一切实数。	顺利获得二次函数的概念，包括解析式和定义域。因为没有涉及具体情境，所以学生对定义域的理解没有问题。
概念辨析	辨析：下列函数中哪些是关于 x 的二次函数？ 1. $y=\dfrac{3}{4}x$ 　　2. $y=-0.5x^2+1$ 3. $y=x(2x-1)$ 　　4. $y=(x+4)^2-x^2$ 5. $y=\dfrac{x^2-2x+1}{x}$ 　　6. $y=x^4+2x^2+1$ 7. $y=\dfrac{3x^2-x}{\pi}$ 　　8. $y=\sqrt{x^2}$ 9. $y=(k-1)x^2+kx+3$	能够依据二次函数的形式特征来正确辨析。要先化简再辨析，这点经过提醒，学生都能够理解并掌握。

5. 反思抽象素养培育点教学实效

在"二次函数的概念"这一数学抽象素养培育点的实际教学过程中，学生经历从已经学过的函数到二次函数的类比学习过程，通过问题题组的形式逐一引出，加深对二次函数的定义的理解，更好地认识二次函数的解析式，基本达到课堂教学预设的抽象素养培育目标。

在实际问题中二次函数的定义域的确定是学习过程中的难点，但也是对于抽象素养培养的必经过程，数学知识运用到实际生活中也是对学生切实的学习要求。在教学中发现问题，从学生认知水平出发解决问题，进而达到落实抽象素养培育的目标。

6. 改进抽象素养培育点教学设计

二次函数的概念以题组、问题链的形式给出是合适的引入方式，尤其是在学生对于已学函数比较熟悉的基础上，让学生通过类比得到二次函数的解析式。但需

走进课堂的数学抽象

要注意合理分配时间,不要花费过多时间对于已学函数的复习,并紧扣数学抽象素养的目标提问。实际问题中的定义域的确定作为难点,在课堂教学中,还可以激发更多思维的碰撞,使学生在思考中获得解决问题的方法,从而打破思维定势.联系实际,二次函数的定义域不一定是一切实数,培养严谨思考的能力,达到培育学生数学抽象素养的目标。根据以上思考,进行如下的教学改进(表 3-1-15):

表 3-1-15 抽象素养培育点"二次函数的概念"教学改进

环节	改进前	改进后
情境创设	直接引入 6 个同类型情境问题,课堂氛围较为沉闷,有的班级学生纷纷低头依次进行计算,班内学生差异性体现,有的慢、有的快,无法激发学生的课堂活力。有的班级学生直接回答,但是部分学生则无法跟上,手足无措。	在教学时,不再一并给出 6 个问题,采用"题组对比"的方法略作修改。 问题 1 和问题 2 可以作为题组共同出现,增加对比性,加深学生思维的认知,从而使学生体会不同函数解析式的探求过程和方法;并且对于已学函数不做过多讲解,为新概念的导入等留有充足的时间。
概念辨析	辨析:下列函数中哪些是关于 x 的二次函数? 1. $y=\dfrac{3}{4}x$ 2. $y=-0.5x^2+1$ 3. $y=x(2x-1)$ 4. $y=(x+4)^2-x^2$ 5. $y=\dfrac{x^2-2x+1}{x}$ 6. $y=x^4+2x^2+1$ 7. $y=\dfrac{3x^2-x}{\pi}$ 8. $y=\sqrt{x^2}$ 9. $y=(k-1)x^2+kx+3$	相较于之前题组,删去重复的小题第 3 题和第 6 题,将余下 7 个解析式进行辨析。将学生易错点覆盖全面即可,不需要将同类型易错题型进行反复强化,这样反而会弱化对新概念的正确认知。

在性质教学中培育数学抽象素养

数学性质是数学表现和内在所具有的特征,是一种事物区别于其他事物的属性。如前文所述,数学概念为推导数学法则和数学定理提供逻辑基础,在本章中,将数学法则与数学定理均理解为数学性质,即数学性质是由数学概念推出的对事物更深层次的表述。

一、性质教学与数学抽象素养之间内涵关联

性质教学是使学生理解数学性质,形成对数学深入的、本质性的认识,即通过对性质的探究,明确其内涵外延;通过对性质的归纳,理解其数学表述;通过对性质的应用,促进其正确理解。性质教学有赖于对数学性质的深入理解,在性质教学中需关注性质的探究过程,让学生参与性质的探究思考和概括活动,在数学性质的探究和概括过程中体现了将事物抽象出一般的结构和规律,进而用数学的语言进行表达的思维过程,蕴含着丰富的抽象素养培育素材。数学性质是对事物更加深层次的表述,在数学性质运用过程中,通过关注在掌握事物本质的基础上,运用数学抽象进行理性思维的思考方式,达成提升学生数学抽象素养的目标。

二、培育数学抽象素养之性质教学设计路径

根据确定抽象素养培育载体、实施抽象素养培育教学和改进抽象素养培育设计的三阶段整体设计框架,形成性质教学可视化的教学设计路径(表 3 - 2 - 1)。在确定抽象素养培育载体阶段,通过梳理单元背景下的数学性质链,厘清性质生成的探究背景、性质背后的数学思维、性质之间的生成关联,定位性质链中

的数学抽象素养培育着眼点。在实施抽象素养培育阶段,关键点在于如何充分发挥性质链中培育点的载体作用,即重在性质教学的教学活动设计上。在改进抽象素养培育设计阶段,反思性质教学中培育学生抽象素养的实效,并对教学设计提出改进建议,为性质教学中落实数学抽象素养培育积淀有效教学策略。

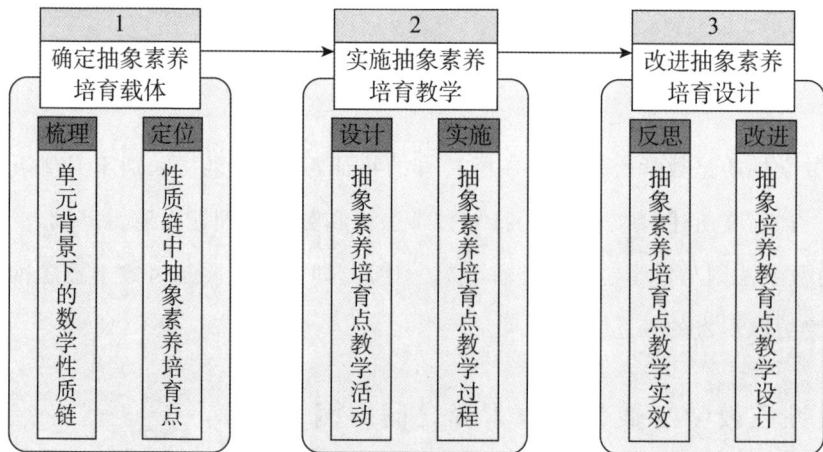

图 3-2-1 培育数学抽象素养之性质教学设计路径

三、性质教学中培育数学抽象素养教学案例

根据培育数学抽象素养之性质教学设计路径,展开性质教学设计和实践,通过行动研究,落实"体现性质的形成过程"这一性质教学核心理念。性质教学案例 1——"6.5 不等式及其性质"来自上教版《数学》六年级第二学期第六章第三节第五课时。性质教学案例 2——"11.1 平移"来自上教版《数学》七年级第一学期第十一章第一节第一课时。

案例 1 "6.5 不等式及其性质"

1. 梳理单元背景下的数学性质链

本教学案例属于单元"一元一次不等式"。本单元内容包括不等式的概念,不等式性质,不等式的解的定义,不等式的解集的定义,解不等式,一元一次不等式定义,一元一次不等式的解法。

本单元中主要性质是"不等式的基本性质",性质链示意图如图3-2-2所示:

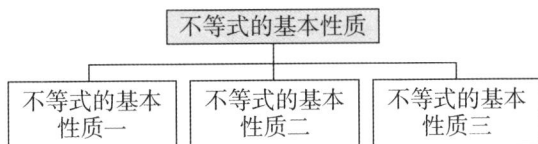

图3-2-2　"一元一次不等式"单元性质链

在本性质链中,"不等式的基本性质一"可以用讲授法直接给出性质,也可以用提供实验方式让学生自己发现;"不等式的基本性质二"和"不等式的基本性质三"是要同时获得的,可以用发现法,也可以用归纳法和对话法引导探究。(图3-2-3)

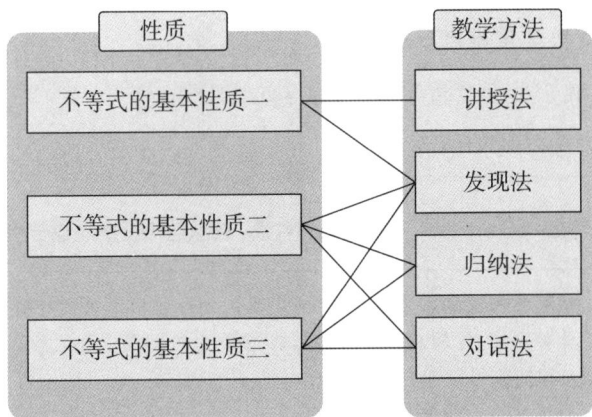

图3-2-3　"不等式的基本性质"性质教学方法选择建议

2.定位性质链中抽象素养培育点

本案例单元的性质教学中对应数学抽象素养培育点主要表现在"提出数学命题和模型",并主要指向"提出数学命题和模型"的水平一和水平二,即"能够在熟悉的情境中直接抽象出数学命题;能够解释数学模型的含义"和"能够在关联的情境中抽象出一般的数学命题;能够用恰当的例子解释抽象的数学模型",具体素养培育点定位如表3-2-1所示:

表 3 - 2 - 1 "不等式的基本性质"数学抽象素养培育点

核心概念	主要表现	水平层级	培育点说明
不等式的基本性质一	提出数学命题和模型	1	从实验中发现不等式的基本性质一。
不等式的基本性质二	提出数学命题和模型	2	从实验中发现不等式的基本性质二,注意性质的概括和语言表达。
不等式的基本性质三	提出数学命题和模型	2	从实验中发现不等式的基本性质三,注意性质的概括和语言表达。

3. 设计抽象素养培育点教学活动

通过梳理单元性质链和教学方法,基于数学抽象素养培育点的进一步定位,以课时为单位,展开性质教学活动设计。本案例以本单元第五课时为例,对抽象素养培育教学活动设计进行说明。

教学目标及教学重难点分析:

首先,进行教学目标及教学重点、教学难点分析(表 3 - 2 - 2),明确抽象素养培育点在本课时课堂教学中的地位。

表 3 - 2 - 2 "6.5 不等式及其性质"教学目标及重难点分析

教学目标	1. 掌握不等式的基本性质,并能正确运用性质将不等式变形。 2. 体验观察、比较、归纳的过程,渗透类比的思维方法,锻炼学生的语言表达能力和抽象思维能力。 3. 通过分组合作提升协作能力。
教学重点	掌握不等式的基本性质并能正确运用性质将不等式变形。
教学难点	1. 不等式性质的推导过程。 2. 不等式性质三的运用。

其次,通过教学目标分析,明确"不等式的性质"是本课时的教学重点,其中"不等式的性质三"是本课时的教学难点。

抽象素养培育点教学活动设计:

针对"不等式的性质"这一数学抽象素养培育点展开教学活动设计,采用实验法和类比法,对于"不等式性质三"这一教学难点,设置悬念,激发思维,通过问题驱动引出认知矛盾,通过实验探究、归纳交流、验证结果,自然经历抽象归纳的数学思维过程。具体环节如表3-2-3所示:

表3-2-3　抽象素养培育点"不等式的性质"教学活动设计

环节	内容	意义	方法
情境创设	对照等式的性质,借助天平,以小组为单位来研究。 实验要求:请同学们先在天平的左右两端放上一定数量的砝码,记下天平的指针偏向,然后在天平的左右两端加上或者减去相同的砝码,记下天平的指针偏向,每组同学做五组实验。	从复习等式的性质入手,运用实验和猜想,类比得出不等式的基本性质。教师引导学生用具体的数据做实验,为学生提供猜想的情境,让学生充分发挥自己的想象,为抽象思维的培养提供条件。	发现法
问题驱动	根据等式的基本性质猜想不等式的基本性质。	利用填表格的方式,验证猜想的结果是否成立。从直观感知到理性思考,培育数学抽象能力。	归纳法
构建性质	观察、猜想和归纳不等式的基本性质,并尝试用字母来表示。	观察表格操作的结果,归纳总结出的基本性质,从图表观察到文字概括归纳,再从文字概括到字母表示,培育数学抽象能力。	发现法 归纳法 对话法
解释性质	用不等式的基本性质解决问题。	体会在具体问题中理解性质的过程。	对话法

4.实施抽象素养培育点教学过程

教师根据教学活动设计具体实施课堂教学过程,分为情境创设、构建性质、解释性质三个教学环节,在具体的课堂教学中根据学生的发现适时引导,关注数学抽象素养培育过程中的教学具体实施难点,为改进教学提供支撑。(表3-2-4)

表 3-2-4 抽象素养培育点"不等式及其性质"教学过程

环节	教学过程	学生表现
情境创设	实验要求:请学生先在天平的左右两端放上一定数量的砝码,记下天平的指针偏向,然后在天平的左右两端加上或者减去相同的砝码,记下天平的指针偏向,每组学生做五组实验 **变化前 / 变化后** 左 偏向 右 / 左 偏向 右 (空表格)	运用天平像做游戏一样做实验,既提高了学生的学习兴趣,又能够发展学生的团结协作能力,而且大家一起做实验,也提供了讨论的空间和机会。
问题驱动	通过实验你发现了什么规律?	
构建性质	通过类比等式的基本性质,猜想出不等式的基本性质,学生通过填表格,归纳出不等式的性质。最后,教师运用对话法引导学生将不规范的表述修改正确。 **变化前 / 变化后** 左 偏向 右 / 左 偏向 右 (空表格) 对照等式的基本性质得到不等式的基本性质: 不等式的基本性质一:不等式两边同时加上(或减去)同一个数或同一个含有字母的式子,不等号的方向不变。 不等式的基本性质二:不等式两边同时乘(或除以)同一个正数,不等号的方向不变。 不等式的基本性质三:不等式两边同时乘(或除以)同一个负数,不等号的方向改变。 (不等式两边都乘零,不等号变成等号。)	通过填表格和讨论,学生顺利地得到了不等式的性质。对于性质二和性质三,有些学生因为考虑问题的局限而没有发现需要区分(等式的基本性质也没有区分)。经过多名学生发言后得到基本一致的结论。但是在叙述性质二和性质三时,很多学生的表述还是有问题的,经过矛盾冲突改进认知,达成概念认同。
解释性质	例:判断以下各题的结论是否正确,并说明理由: (1) 若 $b-3a>0$,则 $b<3a$ (　　) (2) 如果 $a>b$,那么 $2a>2b$ (　　) (3) 如果 $-4x>20$,那么 $x>-5$ (　　) (4) 如果 $a<b$,那么 $ac<bc$ (　　) (5) 若 $a>b$,则 $ac^2>bc^2$ (　　) (6) 若 $ac^2>bc^2$,则 $a>b$ (　　)	能在具体的问题中解释数学性质的内容和含义,进一步理解不等式的性质。

5.反思抽象素养培育点教学实效

在"不等式的性质"这一数学抽象素养培育点的实际教学过程中,学生经历"探究不等式的性质"这一教学活动主题。学生经过实验、猜想,构建分类原则,体会不等式性质的获得过程,最后抽象出不等式的性质并用文字和符号表述,基本达到课堂教学预设的抽象素养培育目标。

不等式的性质中,性质三较难获得且较难理解,是本节课教学的难点,也是本节课数学抽象素养培育的高阶载体。在教学过程中教师应充分利用学生课堂生成的认知矛盾,有效提问,激发兴趣,达到落实抽象素养培育的目标。

6.改进抽象素养培育点教学设计

本节课的重难点是得到不等式的三个性质,特别是性质三。尽管设计了做实验、填表格,让学生自己发现不等号的方向是否改变的环节,但是在教学中这样的发现方式还是有一点僵硬,学生困惑于"为什么要研究这个问题呢。"因此,可以通过插入了几个等式的例题,然后将等式转化为不等式,自然地引导学生类比等式的性质猜测不等式的性质。根据以上的思考,进行如下的教学改进(表3-2-5):

表3-2-5　抽象素养培育点"不等式及其性质"改进过程

环节	改进前	改进后
情境创设	猜想下列各题是否正确,并说明理由。 1.若 $x-3>12$,则 $x>15$ （　　　） 2.若 $-3x>12$,则 $x>-4$ （　　　）	判断下列各题是否正确,并说明理由。 1.若 $-3x=12$,则 $x=-4$ （　　　） 2.若 $x-3=12$,则 $x=15$ （　　　） 3.若 $x-3>12$,则 $x>15$ （　　　） 4.若 $-3x>12$,则 $x>-4$ （　　　）

让学生观察,尝试着判断,激发求知欲望,同时也为学生顺利地抽象出不等式的性质提供了方向。

在抽象不等式的基本性质三的时候,学生开始是比较难理解的,后来通过多个学生的举例,逐步地认可了不等号方向改变这个事实,同时教师引导学生体会了直观感觉和理性思考的联系与区别,通过严谨的思考,达到有效培养学生的数学抽象思维的目标。

案例2 "11.1 平移"

1. 梳理单元背景下的数学性质链

本教学案例属于单元"图形的运动"。本单元内容包括了解图形的平移、旋转、旋转对称、翻折的意义;懂得中心对称、中心对称图形、轴对称、轴对称图形的意义;会在方格纸上画出平移后的图形,会画已知图形关于某一点中心对称的图形,会画已知图形关于某一直线成轴对称的图形,会画出成轴对称图形的两个图形的对称轴;掌握图形的平移、翻折、旋转图形运动的基本特征和性质。

本单元中主要性质是图形的平移的性质、旋转的性质、翻折的性质、中心对称的基本性质、轴对称的基本性质,性质链示意图如图3-2-4:

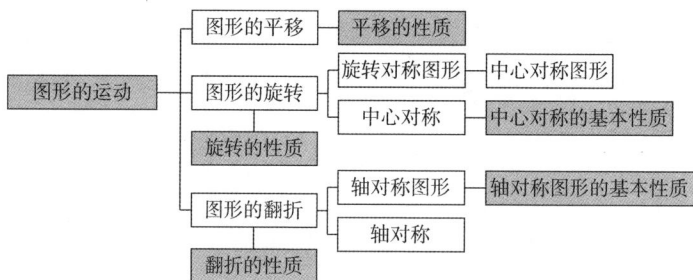

图3-2-4 "图形的运动"单元性质链

在本性质链中,"平移的性质"可以用讲授法、发现法获得;"旋转的性质""翻折的性质"可以用发现法和对话法学习;"中心对称的基本性质""轴对称图形的基本性质"可以用归纳法、发现法和对话法引导探究。(图3-2-5)

2. 定位性质链中抽象素养培育点

本案例单元的性质教学中对应数学抽象素养培育点主要表现在"获得数学概念和规则",并主要指向"获得数学概念和规则"的水平一和水平二,即"能够在熟悉的情境中直接抽象出数学概念和规则,能够解释数学概念和规则的意义"和"能够在关联的情境中抽象出一般的数学概念和规则;能够用恰当的例子解释抽象的数学概念和规则",具体素养培育点定位如表3-2-6所示:

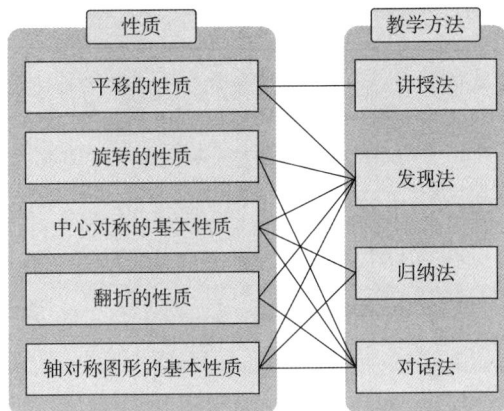

图 3-2-5 "图形的运动"性质教学方法选择建议

表 3-2-6 "图形的运动"数学抽象素养培育点

核心概念	主要表现	水平层级	培育点说明
平移的性质	获得数学概念和规则	1	从实例中抽象出平移的性质。
旋转的性质	获得数学概念和规则	2	从实例中抽象出旋转的性质。
中心对称的基本性质	获得数学概念和规则	2	从实例中抽象出中心对称的基本性质。
翻折的性质	获得数学概念和规则	2	从实例中抽象出翻折的性质。
轴对称的基本性质	获得数学概念和规则	2	从实例中抽象出轴对称的基本性质。

3. 设计抽象素养培育点教学活动

通过梳理单元性质链和教学方法,基于数学抽象素养培育点的进一步定位,以课时为单位,展开性质教学活动设计。本案例以本单元第一课时为例,对抽象素养培育教学活动设计进行说明。

教学目标及教学重难点分析：

首先,进行教学目标及教学重点、教学难点分析(表 3-2-7),明确抽象素养培育点在本课时课堂教学中的地位。

表 3 - 2 - 7 "11.1 平移"教学目标及重难点分析

教学目标	1. 通过观察生活情景,理解平移及对应点、对应角、对应线段的概念; 2. 经历"观察—测量—交流—归纳—应用"的探索过程,归纳出图形平移后图形的性质,会在方格纸上画出经过平移后的平面图形,能利用平移后图形的性质解决问题; 3. 在发现、探索的过程中锻炼实践动手能力、直观想象能力,分析归纳和逻辑推理能力,体会用平移变换的观点看待静止的几何图形,感知几何变换,感悟特殊与一般的数学思想; 4. 经历操作实践、知识应用及内化等活动,体验数学学习的乐趣,激发学习数学的兴趣,增强合作学习和研究探索的意识。
教学重点	图形平移性质的理解及初步应用。
教学难点	对图形平移性质的理解。

其次,通过教学目标分析,明确"图形平移的性质的理解及初步应用"是本课时的教学重点,其中"对图形平移性质的理解"是本课时的教学难点。

抽象素养培育点教学活动设计:

针对"平移"这一数学抽象素养培育点展开教学活动设计,采用操作实验法和发现法,对于"图形平移性质的理解"这一教学难点,通过探索新知、尝试发现,经历"观察—操作—交流—归纳—应用"的探索过程,通过实验探究、归纳交流、验证结果,自然经历抽象归纳的数学思维过程。具体环节如表 3 - 2 - 8 所示:

表 3 - 2 - 8 抽象素养培育点"平移"教学活动设计

环节	内容	意义	方法
概念理解	如图所示:将 $\triangle ABC$ 向右平移后得到 $\triangle A_1B_1C_1$,点 A 与点 A_1 叫做对应点,线段 AB 与线段 A_1B_1 叫做对应线段,$\angle A$ 与 $\angle A_1$ 叫做对应角,观察图形,回答下列问题: 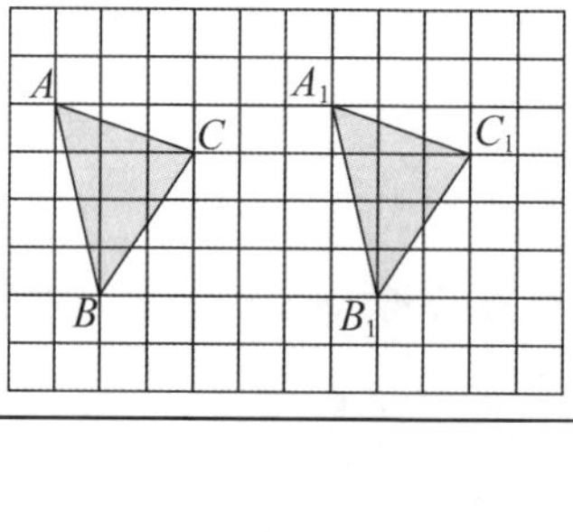 	从了解相关概念入手,为用数学语言表述研究结果作铺垫,明确研究对象,为数学抽象表述作知识储备。	讲授法

（续表）

环节	内容	意义	方法
概念理解	点 B 所对应的点是＿＿＿＿； 线段 AC 的对应线段是＿＿＿＿； $\angle C$ 的对应角是＿＿＿＿； 将△ABC 向右平移＿＿＿＿格后与△$A_1B_1C_1$ 重合,平移后各对应点之间的距离叫做图形平移的距离。		
性质探索	观察归纳平移的性质:图形平移后,每一对对应线段的长度相等,每一对对应角的大小相等;这个图形的大小、形状不变。	观察平移前后三角形的对应边、对应角的大小,从图形观察到文字概括性质,再从性质理解到具体图形解释,培育数学抽象。	发现法
性质探索	观察归纳平移的性质:图形平移后,每一对对应点的联结线段互相平行(或在同一条直线上),并且相等,其长度等于平移的距离。	观察平移后每个对应点的联结线段的数量关系和位置关系,从图形观察到文字概括性质,再从性质理解到具体图形解释,培育数学抽象。	发现法
性质应用	会在方格上画出平移后的图形,初步应用平移的性质解决线段长度和角度大小的问题。	通过简单应用体会平移变换思想,在数学性质的应用过程中,获得问题解决的能力,培育数学抽象。	对话法

4.实施抽象素养培育点教学过程

教师根据教学活动设计具体实施课堂教学过程,分为创设情境激情引新、探索新知归纳性质、尝试应用感悟性质三个教学环节,在具体的课堂教学中根据学生的发现适时引导,关注数学抽象素养培育过程中的教学具体实施难点,为改进教学提供支撑。(表3-2-9)

表 3-2-9　抽象素养培育点"平移"教学过程

环节	教学过程	学生表现
概念理解	1. 观察教室窗户的运动过程。 2. 请举出一些现实生活中平移的实例。 归纳：平面内，图形沿着一定的方向移动一定的距离，这样的图形运动叫做图形的平移运动，简称为平移。"一定的方向"称为平移的方向，"一定距离"称为平移的距离。 3. 用数学语言描述方格内三角形平移的过程。	理解平移的概念，会用规范的数学语言表述平移的过程。
性质探索	探索一　如图1，将△ABC平移后可得△$A_1B_1C_1$，图形平移后的形状和大小有怎样的关系？对应线段之间有怎样的数量关系？对应角之间有怎样的关系？ 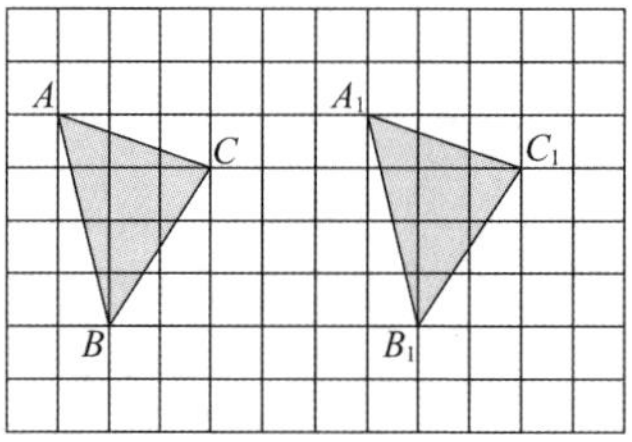 图 1 探索二　如图2，将△ABC平移后可得△DEF： 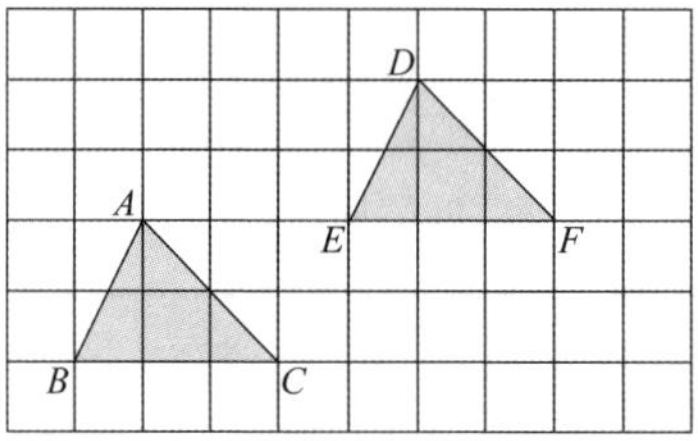 图 2 （1）画出边AC的中点G平移后在图形上的对应点H。 （2）在△ABC内任取一点M，画出图形平移后的对应点N。 （3）如果直接将△ABC平移到△DEF，画出平移的方向，并量出平移的距离（精确到0.1单位长度）。 （4）连接GH、MN，那么GH和MN有怎样的数量关系和位置关系？	顺利构建图形平移后，每一对对应线段的长度，每一对对应角的大小相等，获得图形平移后图形的大小、形状都不变的性质。对于平移后每个对应点的联结线段的数量关系和位置关系的归纳过程中，学生由于刚刚接触几何表述略感困难，在教师引导作图和测量后，逐步归纳性质，图形平移后，每一对对应点的联结线段互相平行（或在同一直线上），并且相等，其长度等于平移的距离，对于每一对对应点的联结线段在同一直线上的理解还存在一定困难，在适当举例后初步理解了性质。

（续表）

环节	教学过程	学生表现
性质应用	1. 下列汽车商标图案中,可以由一个"基本图案"通过连续平移得到的是(　　) （A） 　　（B）  （C） 　　（D）  2. 如图 3,在 10×6 的网格中,每个小方格的边长都是 1 个单位,将 △ABC 平移到 △DEF 的位置,下面正确的平移步骤是(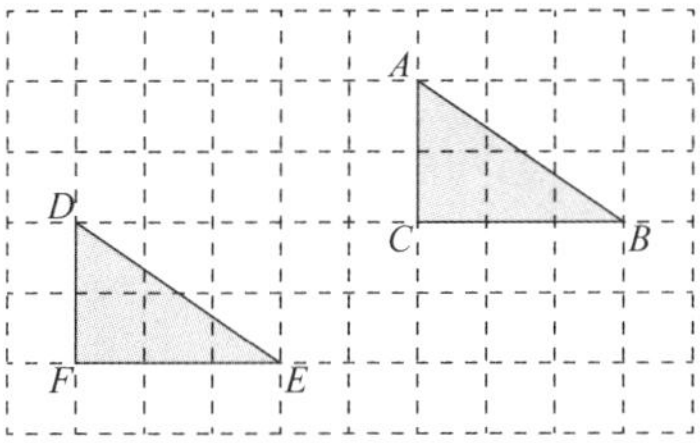　　) 图 3 （A）先把△ABC 向左平移 5 个单位,再向下平移 2 个单位 （B）先把△ABC 向右平移 5 个单位,再向下平移 2 个单位 （C）先把△ABC 向左平移 5 个单位,再向上平移 2 个单位 （D）先把△ABC 向右平移 5 个单位,再向上平移 2 个单位 3. 如图 4,△ABC 平移后得到△DEF,请用线段、角填空: 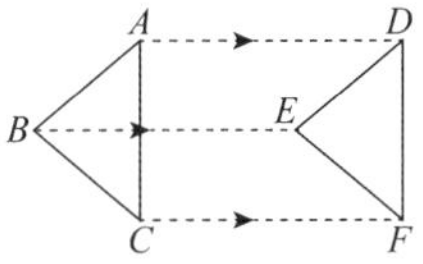 图 4 （1）$AB =$ _____ , $BC =$ _____ , $AC =$ _____。	能在具体的问题中解释数学性质的内容和含义。

环节	教学过程	学生表现
性质应用	(2) $\angle BAC=$ _____ , $\angle ABC=$ _____ , $\angle ACB$ = _____ 。 (3) $AD=$ _____ = _____ 。 4. 将 $\angle ABC$ 向上平移 20 厘米后得到 $\angle DEF$,如果 $\angle ABC=52°$,那么 $\angle DEF=$ _____ 度。 5. 将长度为 5 厘米的线段向上平移 10 厘米,那么平移的距离是 _____ 厘米,平移后线段的长度为 _____ 厘米。 6. 如图 5,若将 $\triangle ABC$ 沿着 BA 方向平移 3 厘米可得 $\triangle DEF$,则 $AD=$ _____ 厘米。 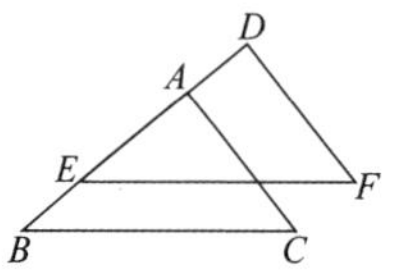 图 5	

5. 反思抽象素养培育点教学实效

在"平移"这一数学抽象素养培育点的实际教学过程中,以学生生活中的实例为背景,以表象—操作—抽象概念—思考—抽象性质—应用性质为主线,通过操作获得图形平移的性质,让学生体会用运动的观点看待静止的几何图形,感知几何变换的思想,逐步归纳图形的平移的性质上基本达到课堂教学预设的抽象培养目标。

生活中的平移无处不在,学生对平移的现象并不陌生,这些都为平移的学习提供了必要的知识经验。学生在日常的生活中积累了一定的生活经验和操作技能,有一定的观察、归纳、探索能力,但要求学生用数学的语言准确地描述平移的过程和性质,以及应用平移的性质解决有关的问题,对于学生来说确实是难点。基于学生的认知水平、年龄特征,主要通过图形的观察和操作获得形象认知,观察图形运动过程中的变量和不变量,找出规律,但是学生的探究能力、归纳概括能力仍相对薄弱,所以在学习过程中创造条件和机会,让学生发表见解,发挥学习的主动性。

对于理解图形平移的性质是本节课的难点,但也是数学抽象素养培育的高阶载体。在教学过程中,让学生经历动手操作、观察的过程,重视学生用数学语言表述观察结果,逐步归纳图形性质,达到落实抽象素养培育的目标。

6.改进抽象素养培育点教学设计

对于平移的性质的理解已经预设为教学难点,在教学过程中,对于获得图形平移后,每一对对应点的联结线段互相平行(或在同一条直线上)且相等,其长度等于平移的距离的性质的理解,学生存在一定的困难,特别是对于每一对对应点的联结线段互相平行(或在同一条直线上)存在一定的困惑,因此在探索环节调整问题设计,让学生从简单图形入手,观察图形运动过程中的变量和不变量,找出规律,感知图形平移的性质,然后逐步过渡到多次平移的问题背景,感受平移的距离。根据以上的思考,将本节课进行如下的教学改进(表 3 - 2 - 10):

表 3 - 2 - 10　抽象素养培育点"平移"教学改进

环节	改进前	改进后
性质探索	探索一　如图1,将△ABC 平移后可得△$A_1B_1C_1$,图形平移后的形状和大小有怎样的关系? 对应线段之间有怎样的数量关系? 对应角之间有怎样的关系? 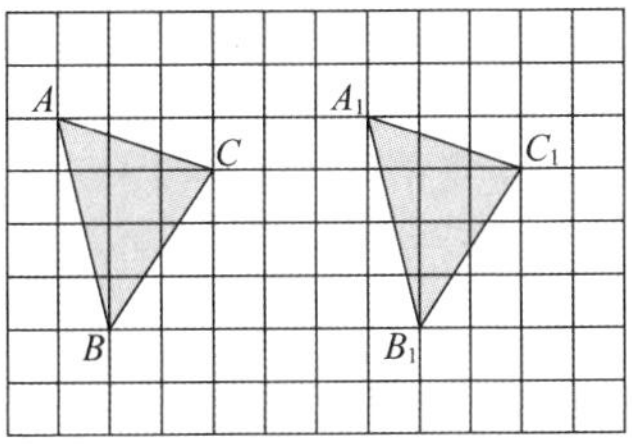 图1 探索二　如图2,将△ABC 平移后可得△DEF: 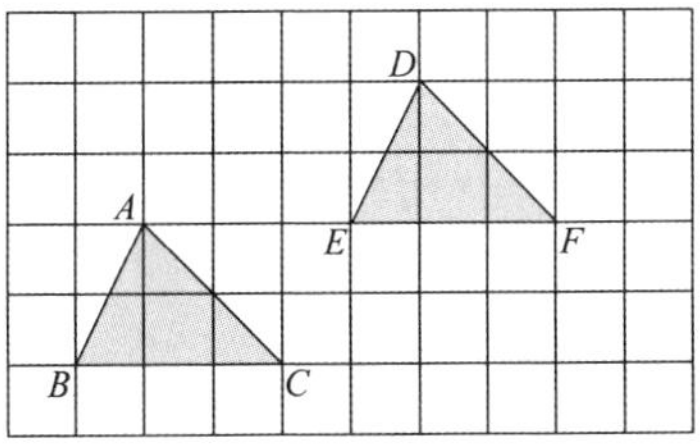 图2	探索一　如图1,将△ABC 平移后可得△$A_1B_1C_1$: 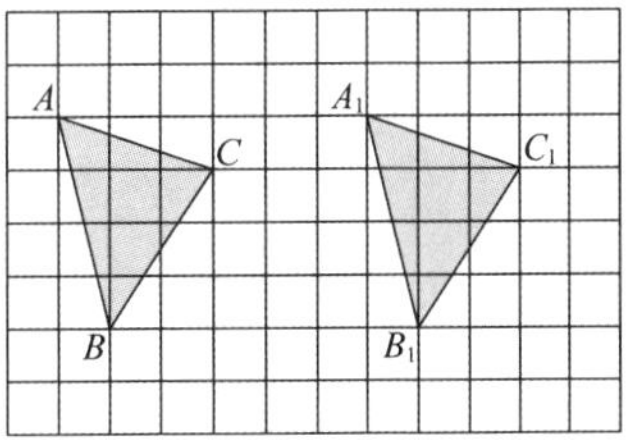 图1 (1) 对应线段之间有怎样的数量关系? 对应角之间有怎样的关系? (2) 图形平移后的形状和大小有怎样的关系? (3) 联结 AA_1、BB_1、CC_1,对应点的联结线段有怎样的数量关系和位置关系? 探索二　如图 2,将△ABC 平移后可得△DEF:

（续表）

环节	改进前	改进后
性质探索	（1）画出边 AC 的中点 G 平移后在图形上的对应点 H； （2）在△ABC 内任取一点 M，画出图形平移后的对应点 N； （3）如果直接将△ABC 平移到△DEF，画出平移的方向，并量出平移的距离（精确到 0.1 单位长度）； （4）联结 GH、MN，那么 GH 和 MN 有怎样的数量关系和位置关系？	 图 2 （1）联结 AD、BE、CF，对应点的联结线段的数量关系和位置关系是否和探索一的结论一样？ （2）画出边 AC 的中点 G 平移后在图形上的对应点 H，说说你是怎样画的； （3）在△ABC 内任取一点 M，画出图形平移后的对应点 N； （4）如果直接将△ABC 平移到△DEF，画出平移的方向，并量出平移的距离（精确到 0.1 单位长度）； （5）联结 GH、MN，那么 GH 和 MN 有怎样的数量关系和位置关系？试着直接说出线段 GH 和 MN 的长度； （6）教室窗户平移的过程中，每一对对应点联结线段的数量关系和位置关系与探索一的结论是否一样？

在探索新知归纳性质环节对原有问题链做调整，引导学生关注对应线段、对应角的数量关系的同时，关注每一对对应点的联结线段的数量关系和位置关系，在从一次平移背景过渡到两次平移背景的过程中引导学生观察运动过程中的变量和不变量，在从"一般—特殊"的研究过程中不断让学生思考每一对对应点的联结线段的位置关系和数量关系，在问题背景中应用规范的数学语言表述结论。基于学生刚开始接触图形的运动，正处于实验几何阶段，几何语言的表述尚不规范，因此性质理解阶段的教学需要充分予以重视，这样在性质归纳阶段学生的表述就能更规范、更准确，从而通过严谨的数学表达培养学生的数学素养。

在问题教学中培育数学抽象素养

数学问题在数学教学中无处不在,本章所指的数学问题不仅仅指把实际问题引入到数学教学之中,而是广义的数学问题,既包含纯数学问题,也包含应用性问题,即在数学知识的构建、数学方法的形成、数学应用的体验等过程中呈现的各类数学问题。

一、问题教学与数学抽象素养之间内涵关联

问题教学是将教材的某些知识点、数学的思想方法、典型的实际应用等以问题的形式呈现在学生的面前,让学生在寻求、探索解决问题的思维活动中,掌握知识,发展智力,进而培养学生自己发现问题、解决问题的能力。问题教学中,教师通过创设问题情境,引导并组织学生经历提出问题、分析问题和解决问题。让学生充分参与问题的生成,有利于学生经历在情境中抽象出数学概念、命题、方法和体系的过程,积累从具体到抽象的活动经验;让学生经历个体或集体的自主探究,分析解决问题,有利于培育学生运用数学抽象的思维方式思考并解决问题;引导学生对探索的问题进一步验证和拓展,发展问题,有助于学生养成在日常生活和实践中一般性思考问题的习惯,从而把握事物的本质,以简驭繁。总之,问题教学为学生提供了一个交流、合作、探索、发展的平台,在教学活动中以"问题"为线索,让学生在问题解决中感受数学知识,提出数学模型,形成数学方法,领会数学思想,达成提升学生数学抽象素养的目标。

二、培育数学抽象素养之问题教学设计路径

根据确定抽象素养培育载体、实施抽象素养培育教学和改进抽象素养培育

设计的三阶段整体设计框架,形成问题教学可视化的教学设计路径。在确定抽象素养培育载体阶段,通过梳理单元背景下的数学问题链,厘清问题创设的数学背景、问题背后的数学思维、问题之间的生成关联,定位问题链中的数学抽象素养培育着眼点。在实施抽象素养培育阶段,关键点在如何充分发挥问题链中培育点的载体作用,即重在问题教学的教学活动设计上。在改进抽象素养培育设计阶段,反思问题教学中培育学生抽象素养的实效,并对教学设计提出改进建议,为问题教学中落实数学抽象素养培育积淀有效教学策略。(图3-3-1)

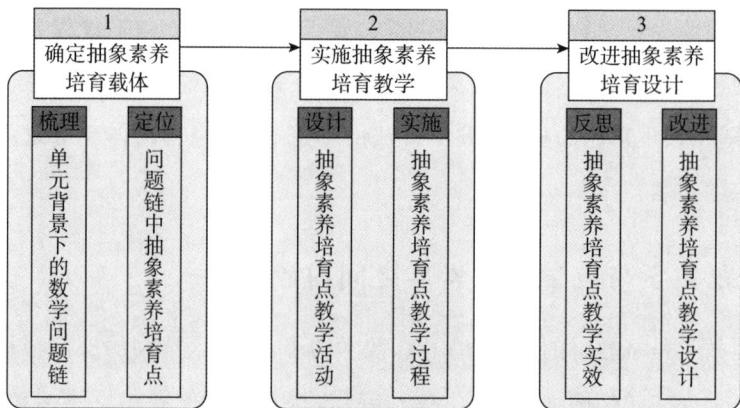

图3-3-1 培育数学抽象素养之问题教学设计路径

三、问题教学中培育数学抽象素养教学案例

根据培育数学抽象素养之问题教学设计路径,展开问题教学设计和实践,通过行动研究,落实"关注问题的生成和发展"这一问题教学核心理念。问题教学案例1——"4.3(1) 圆的面积"来自上教版《数学》六年级第一学期第四章第三节第一课时。问题教学案例2——"探究特殊四边形中的线段相等问题"来自上教版《数学》八年级第二学期第二十二章单元复习课。

案例1 4.3(1) 圆的面积

1. 梳理单元背景下的数学问题链

本教学案例属于单元"圆的面积",该单元内容包括通过操作、实验、探索导出圆的面积公式;理解圆的面积公式,会利用公式进行简单计算;在操作实验中,引导学生感悟"无限逼近"的数学思想。

本单元中的主要的数学问题链有:圆的有关概念(圆心、半径、直径、弧长等);圆的周长和弧长之间的关系;如何把圆分割成已知图形;是否可以用重新拼成的图形面积公式代替圆的面积公式;圆的半径、周长和面积之间的公式转化。问题链示意图如图 3-3-2 所示:

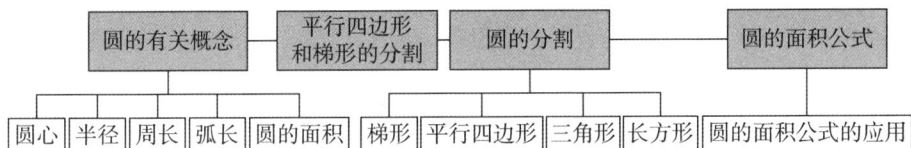

图 3-3-2　"圆的面积"单元问题链

在本问题链中,"圆的有关概念"可以用对话法从"圆心""半径""直径""弧"这四个概念复习,归纳出圆的基本特征;"平行四边形和梯形的分割"可以通过发现法和对话法引导,结合前期所学的基础进行归纳总结;"圆的分割"可以通过对话法、发现法和归纳法比较学生分割出的各类图形,通过新拼成的图形面积的计算归纳出圆的面积公式;"圆的面积公式"可以通过案例实践法和归纳法,让学生通过公式的转换和计算得出结论。(图 3-3-3)

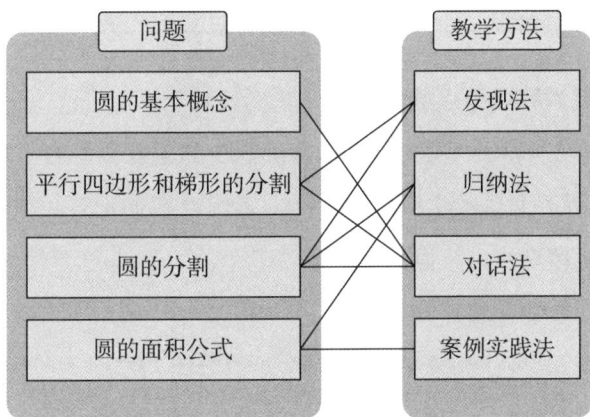

图 3-3-3　"圆的面积"问题教学方法选择建议

2. 定位问题链中抽象素养培育点

本案例单元问题教学中对应数学抽象素养培育点主要表现在"获得数学概念和规则"和"形成数学方法与思想",并主要指向"获得数学概念和规则"的水平一和"形成数学方法与思想"的水平一和水平二,即"能够在熟悉的情境中直接抽象出数学概念和规则"和"能够模仿学过的数学方法解决简单问题;能够在解决相似的问题中感悟数学的通性通法,体会其中的数学思想",以及"能够在新的情境中选择和运用数学方法解决问题"。具体素养培育点定位如表3-3-1所示:

表3-3-1 "圆的面积(1)"数学抽象素养培育点

核心概念	主要表现	水平层级	培育点说明
圆的有关概念	获得数学概念和规则	1	从图形抽象出概念,即解决面积问题所需的条件。
平行四边形和梯形的面积分割	形成数学方法与思想	1	从已经解决的实例中抽象出解决面积问题的本质。
圆的图形分割	形成数学方法与思想	2	从实例中抽象出圆的分类方法。
圆的面积计算公式	形成数学方法与思想	2	从图形抽象出面积计算公式,注重对"无限逼近"数学思想的理解。

3. 设计抽象素养培育点教学活动

通过梳理单元知识点和教学方法,基于数学抽象素养培育点的进一步定位,以课时为单位,展开问题教学活动设计。本案例以本单元第一课时为例,对抽象素养培育教学活动设计进行说明。

教学目标及教学重难点分析:

首先,进行教学目标及教学重点、教学难点分析(表3-3-2),明确抽象素养培育点在本课时课堂教学中的地位。

表 3 - 3 - 2 "4.3(1) 圆的面积"教学目标及重难点分析

教学目标	1. 了解圆的面积概念; 2. 能正确运用圆的面积计算公式计算图形的面积; 3. 经历圆的面积计算公式的探究,初步感受化曲为直、无限逼近的数学思想。
教学重点	圆的面积公式。
教学难点	1. 圆的面积公式的推导; 2. 应用圆的面积公式解决一些和生活相关的实际问题。

其次,通过教学目标分析,明确"圆的面积公式"是本课时的教学重点,其中"圆的面积公式的推导"是本课时的教学难点。

抽象素养培育点教学活动设计:

针对"圆的面积公式"这一数学抽象素养培育点展开教学活动设计,采用分析法、探究法和归纳法,对于"圆面积计算公式的推导和应用"这两个教学难点,通过实例创设情境,通过问题驱动引出认知矛盾,基于对圆的周长、弧长、面积计算公式的理解,学生经历探究,对图形进行重组,寻找已知数据与所求目标之间的逻辑关系,自然经历抽象归纳的数学思维过程。具体环节如表 3 - 3 - 3 所示:

表 3 - 3 - 3　抽象素养培育点"圆的面积公式"教学活动设计

环节	内容	意义	方法
情境创设	选择学生熟悉的羊吃草问题,通过阅读分析得出此问题的本质就是求一个圆形的面积,从而引出圆的面积的概念。	从实际情境出发,直奔主题,抽象出本课的研究主题。	对话法
问题驱动	我们已经学习了如何求三角形、平行四边形和梯形等直线型图形面积。这些图形可以通过对其进行割补转化为什么图形? 学生回答,教师用课件演示: 一张圆形纸片,先把它等分后,观察它们拼成的图形,计算出面积。	运用学过的周长和弧长之间的关系类比得到圆的分割方式,从表面观察到理性分析,培育数学抽象。	发现法 对话法

（续表）

环节	内容	意义	方法
方法形成	观察和归纳多种不同的图形拼接方式，比较其通行，体会其中的数学思想方法。	以如何转化圆为问题驱动，从构建方法比较到公式的概括归纳，理解数学中"化曲为直"和"无限逼近"的思想。	归纳法案例实践法

4. 实施抽象素养培育点教学过程

教师根据教学活动设计具体实施课堂教学过程，分为情境创设、问题引导、问题解释三个教学环节，在具体的课堂教学实施中观察学生行为特征，关注数学抽象素养培育过程中的教学具体实施难点，为改进教学提供支撑。（表3-3-4）

表3-3-4　抽象素养培育点"圆的面积公式"教学过程

环节	教学过程	学生表现
情境创设	思考：一只小羊被它的主人用一根3米的绳子拴在草地上，小羊能够吃到草的最大范围有多大？	能理解小羊能吃到草的最大范围就是一个圆，能得出圆所占平面的大小就是圆的面积。
问题驱动		学生经过小组探究得出结论，能分割出不同的块数，关键是要分出偶数块，而且分得的块数越多，曲线越接近直线。不同的分割方法得到的圆面积计算公式是一样的。
方法形成	为何当分割的块数越多，图形拼成后面积越接近圆的面积？	通过对不同分割方法的总结，归纳出面积的计算公式，并让学生体会"化曲为直"和"无限逼近"的数学思想。

5. 反思抽象素养培育点教学实效

在"圆的面积公式的推导"这一数学抽象素养培育点的实际教学过程中，学生经历"探究圆形的不同分割方法"这一教学活动主题,从已有的弧长和圆周长之间的关系出发,结合之前学习的基本几何图形,推导出圆的分割方式,并能解释由不同的分割方法带来的同样的面积计算公式结果。通过分割越来越多的小块和几何画板的演示,体会了"化曲为直"和"无限逼近"的数学思想,从形成数学方法与思想等方面基本达到了课堂教学预设的抽象素养培育目标。

现代教学论认为,知识不能简单地由教师或其他的人"传授"给学生,而只能由每个学生依据自己已有的知识和经验主动地加以"建构"。因为这种发现、理解最深刻,也容易掌握其中的内在规律、性质和联系。在"圆的面积"这一数学抽象素养培育点的实际教学过程中,学生经历"探究实际生活中圆的面积计算方法"这一教学活动主题,多层次的实验操作,多角度的思考,既沟通了新旧知识间的联系,又最大限度地激发了学生的求知欲。从而帮助学生把抽象的内容具体化,进一步加深对圆面积公式的理解,达到落实抽象素养培育的目标。

6.改进抽象素养培育点教学设计

通过对圆的分割,已经预设为教学难点,在教学过程中问题链的设计是引导学生正确分割圆的关键。在实际课堂上,学生在操作过程中出现了没有等分圆,或是分割完后无法拼成几何图形的情况,因此,问题链的台阶可以铺设更加紧凑,环环相扣。我们可以在问题驱动中丰富问题链以达到更好的效果。根据以上的思考,进行如下的教学改进(表3-3-5):

表3-3-5　抽象素养培育点"圆的面积公式"教学改进

通过这些问题链的改进,能让学生更好地体会和感悟本堂课所要体现的数学思想和数学方法。数学教学必须从学生熟悉的生活情景和感兴趣的事件出发,为他们提供观察和操作的机会,使他们有更多的机会从周围熟悉的事物中学习数学和理解数学,体会到数学就在身边,感受到数学的趣味和作用,体验到数学的魅力。本节课的教学活动充分体现了这一思想,在选择测量数据的物品时应尽量考虑到学生计算的方便,引导学生交流讨论数学方法形成的过程,体会直观感知与理性思考的联系和区别,通过严谨的思考有效达成培育学生的数学抽象素养的目标。

案例 2　"探究特殊四边形中的线段相等问题"

1. 梳理单元背景下的数学问题链

本教学案例属于单元"四边形",该单元内容包括菱形、梯形的概念;菱形、梯形的性质定理并运用它们进行有关的证明和计算;把特殊条件一般化后解决问题方法是否产生差异;在特殊四边形背景下添加辅助线构造全等三角形进行线段相等的证明。

本单元中主要的数学问题链有:菱形和等腰梯形的特殊性质;证明两条线段相等的主要方法;把特殊条件一般化后解决问题的方法产生差异的原因;添加辅助线构造全等三角形的基本路径。问题链示意图如图 3-3-4 所示:

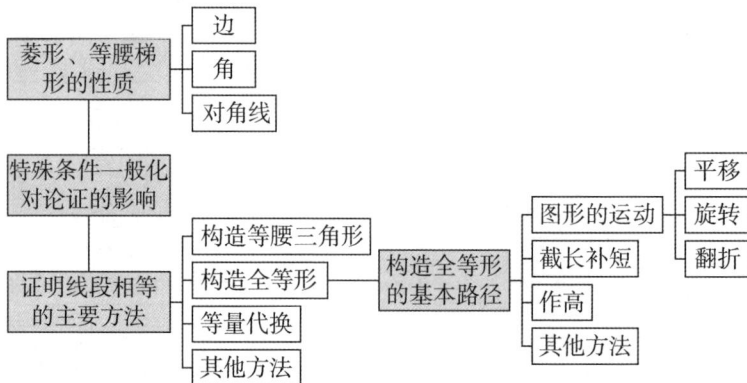

图 3-3-4　"四边形"单元问题链

在本问题链中,"菱形、等腰梯形的性质"可以用对话法和讲授法从"边""角""对角线"这三个角度探究,归纳出菱形和等腰梯形所具有的性质;"证明线段相等的主要方法"可以通过发现法和对话法引导,从菱形和等腰梯形的性质定理出发,并结合前期所学的图形性质和几何论证基础进行探究;"特殊条件一般化对论证的影响"可以通过对话法引导学生比较条件变化所引发的论证逻辑段的差异,从而归纳出问题的实质;"构造全等形的基本路径"可以通过发现法由一组问题链或让学生自行尝试构造全等形,引导学生发现规律,获得经验,也可以通过对话法由学生解释添加辅助线的想法和思考过程,从而归纳出构造的基本原则。(图 3 - 3 - 5)

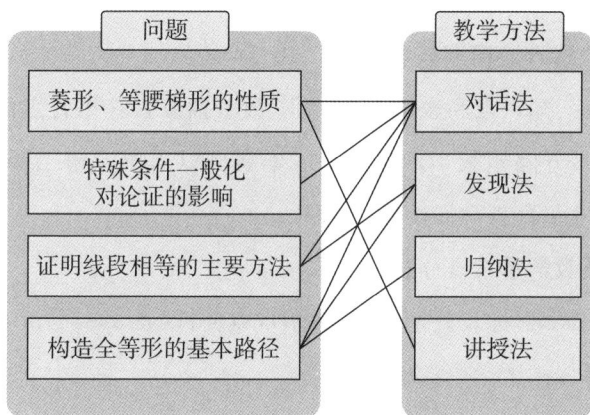

图 3 - 3 - 5　"四边形"问题教学方法选择建议

2. 定位问题链中抽象素养培育点

本案例单元的问题教学中对应数学抽象素养培育点主要表现在"形成数学方法与思想",并主要指向"形成数学方法与思想"的水平一和水平二,即"能够模仿学过的数学方法解决简单问题;能够在解决相似的问题中感悟数学的通性通法,体会其中的数学思想"和"能够在新的情境中选择和运用数学方法解决问题;能够提炼出解决一类问题的数学方法,理解其中的数学思想",具体素养培育点定位如表 3 - 3 - 6 所示:

表3-3-6 "探究特殊四边形中的线段相等问题"数学抽象素养培育点

核心概念	主要表现	水平层级	培育点说明
菱形、等腰梯形的性质	形成数学方法与思想	1	在特殊四边形的背景下,从性质中抽象出解决问题所需的条件。
特殊条件一般化对论证的影响	形成数学方法与思想	2	从弱化的条件中抽象出几何问题的本质。
证明线段相等的主要方法	形成数学方法与思想	2	从实例中抽象出证明线段相等的方法。
构造全等形的基本路径	形成数学方法与思想	2	从实例中抽象出构造全等形的基本路径。

3. 设计抽象素养培育点教学活动

通过梳理单元知识点和教学方法,基于数学抽象素养培育点的进一步定位,以课时为单位,展开问题教学活动设计。本案例以本单元第二课时的拓展课为例,进行抽象素养培育教学活动设计说明。

教学目标及教学重难点分析:

首先,进行教学目标及教学重点、教学难点分析(表3-3-7),明确抽象素养培育点在本课时课堂教学中的地位。

表3-3-7 "探究特殊四边形中的线段相等问题"教学目标及重难点分析

教学目标	1. 运用特殊四边形的性质解决图形中相关线段相等的证明问题; 2. 经历探究特殊四边形中的线段相等问题,体验"从特殊到一般"的研究问题的方法; 3. 运用分析法和综合法寻找论证思路,获得探究数学问题的经验和体验,提高合情推理能力。
教学重点	特殊四边形背景下添加辅助线构造全等三角形证明线段相等,探索一类问题的解决方法。
教学难点	1. 构造全等三角形的方法; 2. "从特殊到一般"解决问题的突破口。

其次,通过教学目标分析,明确"特殊四边形背景下添加辅助线构造全等三

角形证明线段相等"是本课时的教学重点,其中"构造全等三角形的方法"是本课时的教学难点。

抽象素养培育点教学活动设计:

针对"特殊四边形背景下添加辅助线构造全等三角形证明线段相等"这一数学抽象素养培育点展开教学活动设计,采用发现法、对话法和归纳法。对于"构造全等三角形的方法"这一教学难点,由学生自主动手练习,通过问题驱动经历探究特殊四边形中线段相等的问题,体验"从特殊到一般"的研究问题方法,发现在条件一般化后问题的本质没有改变,只是论证方法也要经历从特殊到一般的改变,自然经历抽象归纳的数学思维过程,获得探究数学问题的经验,提高合情推理能力。具体环节如表 3 - 3 - 8 所示:

表 3 - 3 - 8　抽象素养培育点"特殊四边形背景下添加辅助线构造三角形全等证明线段相等"
教学活动设计

环节	内容	意义	方法
情境创设	回顾数学课本中例题 3,把例题中 60 度角的条件去掉,题目变为:已知四边形 $ABCD$ 是一个菱形,E、F 分别是边 BC 和边 CD 上的动点,且始终保持 $\angle EAF = \angle B$,请问:AE 和 AF 还相等吗?请说明理由。	从数学课本中例题出发,把特殊条件一般化,创设问题情境,让学生探究条件的改变对原先逻辑证明的影响,抽象出问题的本质。	对话法讲授法
问题驱动	条件一般化后能否使用原先解决问题的方法。	条件的改变导致部分证明条件失效,从而必须寻求新的解决问题的路径,从表面观察到理性分析,培育数学抽象。	对话法
	充分利用特殊四边形的性质进行全等三角形的构造,从而达到证明线段相等的目的。	梳理在特殊四边形背景下现有的三角形全等条件,利用特殊四边形的独有性质进行全等形的构造,从而归纳出具有某种特征的几何图形辅助线的构建模型,培育数学抽象。	发现法

（续表）

环节	内容	意义	方法
方法形成	观察和归纳多种不同的构建方式，比较其通性，体会不同的数学思想方法。	以如何构造全等三角形为问题驱动，从构建方法比较到文字概括归纳，理解条件从特殊到一般的变化所改变的实质，培育数学抽象。	归纳法

4. 实施抽象素养培育点教学过程

教师根据教学活动设计具体实施课堂教学过程，分为情境创设、问题引导、问题解释三个教学环节，在具体的课堂教学实施中观察学生的行为特征，关注数学抽象素养培育过程中的教学具体实施难点，为改进教学提供支撑。（表3-3-9）

表3-3-9　抽象素养培育点"特殊四边形背景下添加辅助线构造三角形全等证明线段相等"
教学过程

环节	教学过程	学生表现
情境创设	例题：已知菱形 $ABCD$ 中，$\angle B = 60°$，点 E、F 分别在边 BC、CD 上，且 $\angle EAF = 60°$，求证：$AE = AF$。 把例题中 60 度角的条件去掉，题目变为：已知四边形 $ABCD$ 是一个菱形，E、F 分别是边 BC 和边 CD 上的动点，且始终保持 $\angle EAF = \angle B$，请问：AE 和 AF 还相等吗？请说明理由。	能从原先的证明过程出发，寻找异同点，思考产生差异的原因，并寻求新的解题策略。
问题驱动		能根据观察和直觉推断出条件一般化并不会改变结论，同时能寻找出论证过程不可用的原因。明确求证线段相等的方法，但在构造全等形上比较困难，表现在无法结合特殊四边形的性质进行图形的构造。
方法形成	当 E、F 在边 BC 和边 CD 上，$\angle EAF = \angle B$ 时，总有 $AE = AF$。特别地，当点 E、F 与菱形的顶点重合时，也有 $AE = AF$。	能对特殊位置的点进行说明，并归纳在结论中。

5. 反思抽象素养培育点教学实效

在"特殊四边形背景下添加辅助线构造全等三角形证明线段相等"这一数学抽象素养培育点的实际教学过程中,学生经历"探究构造全等形证明线段相等"这一教学活动主题,能解释由条件改变所带来论证过程不同的本质,从已有的经验中归纳出证明线段相等的方法,结合特殊四边形的性质进行全等形的构造,在形成数学方法与思想等方面基本达到课堂教学预设的抽象素养培育目标。

利用特殊四边形的性质进行全等形的构造是学生在学习过程中的难点,但也是数学抽象素养培育的高阶载体,在教学过程中重视挖掘和利用学生课堂生成的认知矛盾冲突和抽象素养火花,由问题链引导,充分利用学生操作尝试构造,抽象解释具体,达到落实抽象素养培育的目标。

6. 改进抽象素养培育点教学设计

对于利用特殊四边形的性质进行全等形的构造,已经预设为教学难点,教学过程中的问题链设计的台阶可以铺设更加紧凑,环环相扣。根据以上的思考,进行如下的教学改进(表 3 - 3 - 10):

表 3 - 3 - 10　抽象素养培育点"特殊四边形背景下添加辅助线构造三角形全等证明线段相等"
教学改进

环节	改进前	改进后
问题驱动（对于全等形构造）	证明线段相等的主要方法 构造等腰三角形 构造全等形 等量代换 其他方法	在原有问题链的基础上增加了过渡问题链:"当去掉了 60 度角的特殊条件后,你觉得原来的证明方法还能继续沿用吗?""不能继续沿用的根本原因是什么?""构造全等形的哪一个条件缺失了?""还能通过构造其他的三角形达到目的吗?""菱形的背景有什么特殊的性质可以使用?"

通过特殊问题一般化的情境创设,体验"从特殊到一般"的研究方法,鼓励学生思考特殊四边形的特征,把这些特征纳入到构造全等形的条件中,并创设置与

之相关的辅助线,让学生充分真实地尝试和体会,经历不同构造法的思维过程,体会直观感知与理性思考的联系与区别,通过构造论证把一般化的问题转化为已知的三角形全等问题证明线段相等,体会转化的数学思想,有效达成培育学生的数学抽象素养的目标。

在复习教学中培育数学抽象素养

数学复习旨在通过知识梳理和方法回顾,加强学生对各知识点的深化和记忆,有效提高学生的数学思维能力,通过经历复习归纳抽象的过程,帮助学生形成科学的复习方法,实现数学能力的综合发展。

一、复习教学与数学抽象素养之间内涵关联

复习教学是根据学生的认知特点和规律,在学习的某一阶段,巩固梳理已学知识技能,促进知识系统化,以提高学生运用所学知识解决实际问题的能力,主要目的是温故知新、查漏补缺。复习教学是对数学知识的梳理总结,对数学方法的归纳提升,可以通过对知识点全面有序的梳理展开形成知识结构,在复习中由结构再到方法,重在系统性的复习;也可以利用不同知识点的内在关联创设相关合理且生动的教学情境,从而设计一条清晰完整的主线展开,重在串联式的深化。通过系统性的复习,促进学生对理论知识的回忆,加强对基础知识的理解,使学生对所学知识形成结构化的认知,在了解相关数学知识之间的联系的过程中培育数学抽象素养;通过串联式的深化,促进学生对重要知识和方法进行深度理解,自主经历构建相关数学知识之间的联系的过程,在理解数学抽象结构和概括有序多级的数学知识体系中培育数学抽象素养。复习教学可以充分发挥学生学习的主体性,让学生在复习的过程中体验数学、感悟数学,养成独立思考、积极探索的习惯,促进学生对数学抽象结构的理解和构建,对数学知识的迁移和应用,达成提升学生数学抽象素养的目标。

二、培育数学抽象素养之复习教学设计路径

根据确定抽象素养培育载体、实施抽象素养培育教学和改进抽象素养培育

设计的三阶段整体设计框架,形成复习教学可视化的教学设计路径。在确定抽象素养培育载体阶段,通过梳理阶段复习数学知识结构链,明确复习教学典型问题和知识结构背后的数学思想方法,定位结构链中的数学抽象素养培育着眼点。在实施抽象素养培育阶段,关键点在于如何充分发挥结构链中培育点的载体作用,即重在复习教学的教学活动设计上。在改进抽象素养培育设计阶段,反思复习教学中培育学生抽象素养的实效,并对教学设计提出改进建议,为复习教学中落实数学抽象素养培育积淀有效教学策略。(图3-4-1)

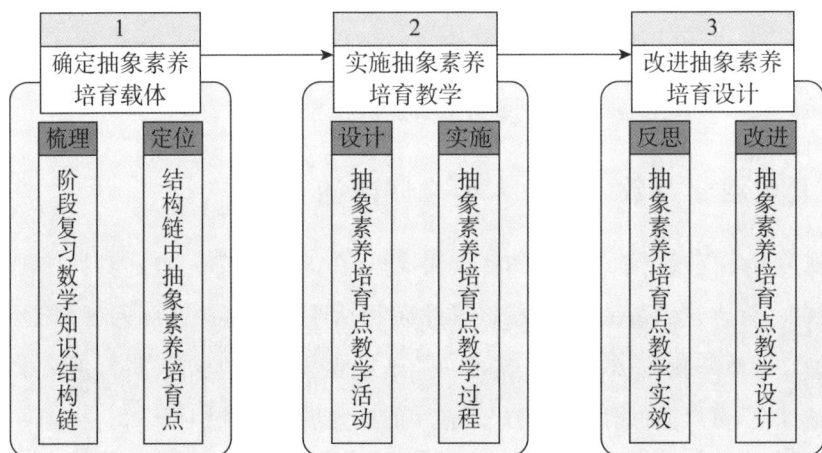

图3-4-1 培育数学抽象素养之复习教学设计路径

三、复习教学中培育数学抽象素养教学案例

根据培育数学抽象素养之复习教学设计路径,展开丰富的复习教学设计和实践,通过行动研究,落实"关注数学知识结构体系的构建"这一复习教学核心理念。复习教学案例1——"10.2 分式的运算"来自上教版《数学》七年级第一学期第十章。复习教学案例2——"统计初步的复习"来自上教版《数学》九年级第二学期第二十八章。

案例1 "分式的复习"

1.梳理单元背景下的阶段复习数学知识结构链

本案例属于单元"分式",该单元内容包括经历分式的形成过程,通过与分数的类比得出分式的性质;在分式的运算环节,分式的有关概念和基本性质,分式的加减乘除的四则运算;在负整数指数幂环节,正整数指数幂的运算性质对整数指数幂仍然适用,绝对值小于 1 的有理数用科学记数法表示;可以化成一元一次方程的分式方程。结构链示意图如图 3-4-2 所示:

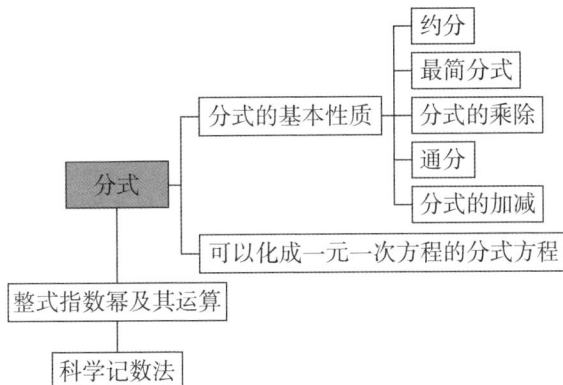

图 3-4-2 "分式"单元复习知识结构链

在本结构链中,"分式的基本性质"可以用归纳法和练习法;"可以化成一元一次方程的分式方程"可以用归纳法和练习法;"整数指数幂及其运算"可以使用归纳法、练习法;"科学记数法"可以使用归纳法、练习法等。(图 3-4-3)

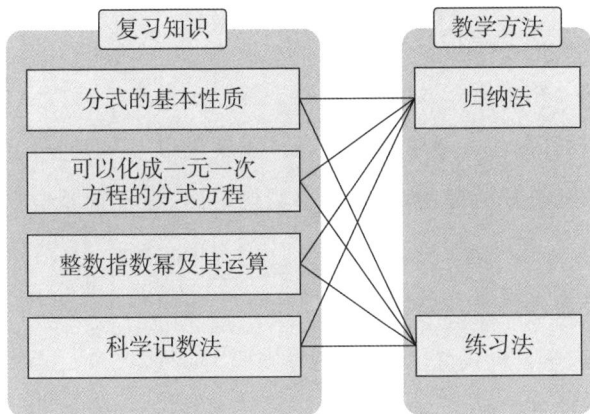

图 3-4-3 "分式"复习教学方法选择建议

2. 定位结构链中抽象素养培育点

本案例单元的分式复习课中对应数学抽象素养培育点主要表现在"获得数

学概念和规则"以及"提出数学命题和模型",并主要指向"获得数学概念和规则""提出数学命题和模型"的水平一和水平二,即"能够在熟悉的情境中直接抽象出数学概念和规则,了解数学命题的条件与结论,能够在熟悉的情境中抽象出数学问题"和"能够用恰当的例子解释抽象的数学概念和规则,能够将已知数学命题推广到更一般的情形",具体素养培育点定位如表3-4-1所示:

表3-4-1 "分式的复习"数学抽象素养培育点

核心概念	主要表现	水平层级	培育点说明
分式的基本性质	获得数学概念和规则	1	从具体的分数基本性质抽象出分式的基本性质。
可以化成一元一次方程的分式方程	获得数学概念和规则	1	根据现实问题情境,抽象并结构化情境使之成为一个分式方程问题。
整数指数幂及其运算	获得数学概念和规则	1	通过概括整数指数幂的三条运算性质,抽象出一般表达式,形成对整数指数幂的完整认识。
科学记数法	提出数学命题和模型	2	通过整数指数幂的意义,抽象出绝对值小于1的有理数的表示方法。

3. 设计抽象素养培育点教学活动

通过梳理单元结构链和教学方法,基于数学抽象素养培育点的进一步定位,以课时为单位,展开复习课教学活动设计。本案例以本单元分式的性质、可以化成一元一次方程的分式方程、整数指数幂为例,进行抽象素养培育教学活动设计说明。

教学目标及教学重难点分析:

首先,进行教学目标及教学重点、教学难点分析(表3-4-2),明确抽象素养培育点在本课时课堂教学中的地位。

表 3 - 4 - 2　"分式的复习"教学目标及重难点分析

教学目标	1. 类比分数、分式的性质,会进行约分化简运算; 2. 掌握分式的乘除、加减法运算法则,体会化归与转化思想; 3. 理解解分式方程的基本思想,领悟把分式方程整式化的数学思想; 4. 掌握整数指数幂的运算法则,会用科学记数法表示绝对值小于 1 的数。
教学重点	分式的基本性质;乘除、加减法运算法则;分式方程整式化过程;整数指数幂的运算法则。
教学难点	分式的乘除、加减法运算中化归与转化思想的体会;实际问题抽象出分式方程;通过幂的乘除运算,抽象出用字母表示整数指数幂的积的运算性质。

抽象素养培育点教学活动设计:

针对分式的约分、加减乘除运算,解可以化成一元一次方程的分式方程,对整数指数幂的运算及科学记数法这些数学抽象素养培育点展开教学活动设计,采用归纳法、练习法,领悟把分式化归和转化,把分式方程整式化的数学思想。具体环节如表 3 - 4 - 3 所示:

表 3 - 4 - 3　抽象素养培育点"分式的复习"教学活动设计

环节	内容	意义	方法
问题 驱动	设置分式的意义、分式的基本性质等问题。	从复习分式的概念和运算流程以及整数指数幂的运算性质,创设问题情境,让学生归纳知识点,并与分数进行类比,孕育数学抽象。	归纳法
分类 练习	设置分式的加减乘除运算,可以化成一元一次方程的分式方程的应用题、负整数指数幂的运算以及科学记数法。	通过例题的练习,体会分式的运算法则,并与分数运算进行类比,孕育数学抽象; 通过对比含分母的整式方程,孕育数学抽象; 感受负整数指数幂的运算,体会指数由正整数到负整数的扩展,培育数学抽象。	练习法
归纳 总结	理顺分式知识点之间的逻辑结构,构建知识链。	通过联系知识点之间的因果关系,体会知识的层层推进。	归纳法

4. 实施抽象素养培育点教学过程

教师根据教学活动设计具体实施课堂教学过程,分为设置问题、构建知识结构链、例题讲解三个教学环节,在具体的课堂教学实施中观察学生的行为特征,关注数学抽象素养培育过程中的教学具体实施难点,为改进教学提供支撑。(表3-4-4)

表3-4-4 抽象素养培育点"分式的复习"教学过程

环节	教学过程	学生表现
问题驱动	问题:1. 什么是分式? 什么情况下分式无意义? 2. 分式的基本性质是什么? 什么叫约分? 什么叫最简分式? 3. 如何将分式方程化为整式方程? 4. 整数指数幂的三条运算性质分别是什么? 5. 如何用科学记数法表示绝对值较小的数?	能在具体的问题中解释数学概念的规则和含义。
分类练习	例1:计算(1) $\dfrac{1}{3}+\dfrac{3}{2}$;(2) $\dfrac{1}{a+3}+\dfrac{6}{a^2-9}$。 例2:化简$\left(2+\dfrac{1}{a-1}-\dfrac{a-1}{a^2-1}\right)\div\left(\dfrac{a}{1-a^2}-a\right)$。 例3:甲乙两地间的铁路运行路程为1400千米,列车将原来运行的平均速度提高 $\dfrac{1}{3}$ 后,运行的时间减少 $\dfrac{5}{3}$ 小时,求列车原来运行的平均速度。 例4:化成正整数指数幂$\dfrac{2^{-1}m^{-2}}{3^{-1}a^{-2}c}=$ _____。 例5:如果$-0.00000315=-3.15\times10^n$,那么$n=$ _____。 例6:计算$(-a^2)^3(-a^3)^{-2}$。	掌握分式运算法则:两个分式相乘,将分子相乘的积作分子,分母相乘的积作分母。分式除以分式,将除式的分子和分母颠倒位置后,再与被除式相乘。同分母分式相加减,分母不变,分子相加减。异分母分式相加减,先将它们化为相同分母的分式,然后进行加减。通过例题的练习,与分数运算进行类比,体会字母代数,分数转变为分式这一数学抽象素养,领悟化归的数学思想; 掌握解分式方程的关键是去分母,将其转化为已学过的整式方程再求解。对比含分母的整式方程,理解去分母过程

（续表）

环节	教学过程	学生表现
分类练习		的公分母由"数"抽象为"式"，领悟分式方程整式化的数学思想；感受负整数指数幂的运算，体会指数由正整数到负整数的扩展，领悟一般化的数学思想。
归纳总结		能顺利构建分式单元知识结构体系，知道分式的约分、加减乘除等运算是基于分式的基本性质的逻辑结构，知道科学记数法是整数指数幂的应用。

5. 反思抽象素养培育点教学实效

本单元的复习教学从学生作业中的错题导入，引导学生分析总结错误原因，提炼数学思想方法，帮助学生提高数学抽象核心素养。分式的基本性质是教材中的重点，也是学生容易出错的环节，教师如果仅凭经验，认为学生可能会出现一些解题方法性的问题，如分式的加减直接去掉了分母，约分时会不先分解因式等，但实际的错误是通分时找错了最简公分母，或者分解因式时出现符号或数据的错误等情况。这样看来，学生很有必要提高从数到字母的抽象数学素养。

6. 改进抽象素养培育点

例 3 的设置使学生体会了列分式方程解应用题的思路，解分式方程的过程却被弱化，从整式方程去分母找最小公倍数，抽象到分式方程找最简公分母的过程没有达到感悟的效果。根据以上的思考，进行如下的教学改进（表 3 - 4 - 5）：

表 3-4-5　抽象素养培育点"分式的复习"教学改进

环节	改进前	改进后
例题讲解		除例 3 外，另设置可以化成一元一次方程的分式方程： 解方程：$\dfrac{3}{x} - \dfrac{4}{x-1} = \dfrac{6}{x(x-1)}$。

增加的例题可以帮助学生理解去分母过程，整式方程由分母的最小公倍数的"数"抽象为分式方程的公分母"式"的过程，直观地领悟分式方程整式化的数学思想。

案例 2　"统计初步的复习"

1. 梳理单元背景下的阶段复习数学知识结构链

本教学案例属于单元"统计初步"。本单元内容包括利用条形图、折线图、扇形图对数据进行整理和表示，统计的意义，表示一组数据平均水平的量（平均数）；截尾平均数、中位数和众数，表示一组数据波动程度的量，表示一组数据分布的量，统计实习。知识结构链示意图如图 3-4-4 所示：

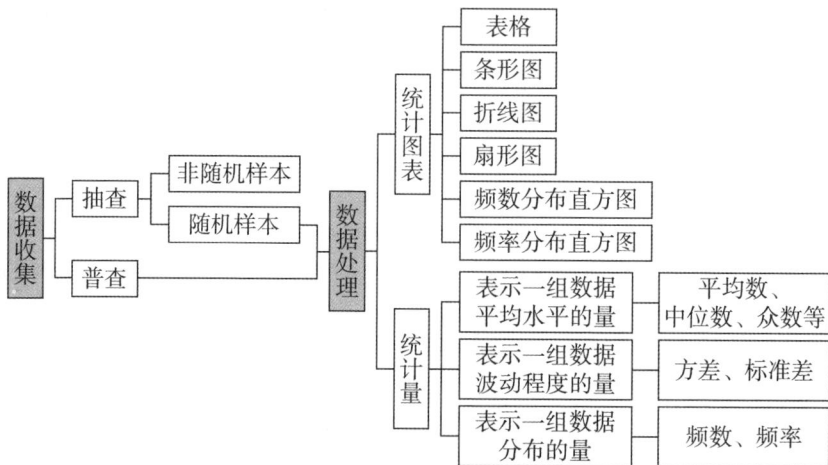

图 3-4-4　"统计初步"单元复习知识结构链

在本知识结构链中,"统计初步的相关概念"和"数据收集的方法"可以采用归纳法引导架构,"数据处理和分析的方法"可以采用归纳法和练习法加深理解,以达到复习的目标。(图3-4-5)

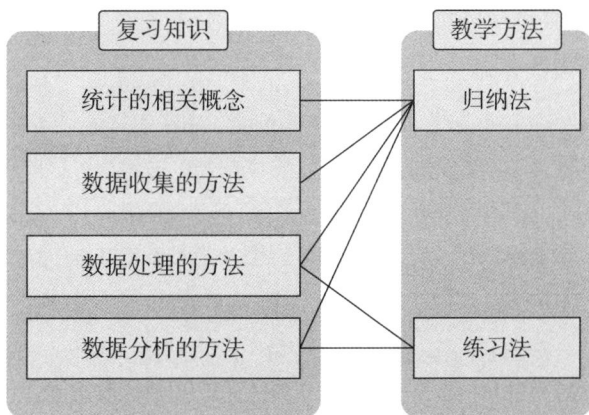

图3-4-5　"统计初步"复习教学方法选择建议

2.定位结构链中抽象素养培育点

本案例单元的复习教学中对应数学抽象素养培育点主要表现在"认识数学结构与体系",并主要指向"认识数学结构与体系"的水平一和水平二,即"通过复习整理统计初步的相关概念,了解各个知识点之间的联系"和"归纳统计初步中的知识点,建立相关的知识体系,利用知识点之间的区别解决实际问题",具体素养培育点定位如表3-4-6所示:

表3-4-6　"统计初步的复习"数学抽象素养培育点

核心内容	主要表现	水平层级	培育点说明
数据收集	认识数学结构与体系	1	从实例中抽象出数据收集的方法。
数据处理	认识数学结构与体系	2	从实例中抽象出数据处理的各种方法以及适用范围。
数据分析	认识数学结构与体系	2	从图表中抽象出不同数值代表的含义以及体现的数据特征。

3.设计抽象素养培育点教学活动

通过梳理单元知识结构链和教学方法,基于数学抽象素养培育点的进一步定位,以课时为单位,展开复习教学活动设计。本案例以本单元的整体复习为例,对抽象素养培育教学活动设计进行说明。

教学目标及教学重难点分析:

首先,进行教学目标及教学重点、教学难点分析(表3-4-7),明确抽象素养培育点在本课时课堂教学中的地位。

表3-4-7 "统计初步的复习"教学目标及重难点分析

教学目标	1.进一步理解统计的相关概念,理解这些概念之间的联系; 2.在整理统计的知识结构的过程中,掌握对数据收集以及数据处理的相关内容和方法,体悟用样本估计整体的统计思想,体会统计与现实生活的密切联系,增强统计分析意识。
教学重点	理解统计的相关概念,掌握数据收集、处理及分析的方法。
教学难点	1.数据处理的各种方法; 2.数据的计算及分析。

其次,通过教学目标分析,明确"数据收集和处理"是本课时的教学重点,其中"数据处理和分析"是本课时的教学难点。

抽象素养培育点教学活动设计:

针对"数据收集和处理"这一数学抽象素养培育点展开教学活动设计,采用发现法和归纳法,对于"数据处理和分析"这一教学难点,通过问题驱动引出认知矛盾,归纳整理出数据收集、处理的方法,基于数据的特征,学生经历不同的数据处理,理解方法之间的区别,分析数据表达的实际意义,自然经历抽象归纳的数学思维过程。具体环节如表3-4-8所示:

表3-4-8 抽象素养培育点"统计初步的复习"教学活动设计

环节	内容	意义	方法
问题驱动	什么是统计学?统计学的意义是什么?	以统计的基本概念为引,串联整个单元的知识点,回顾统计初步的内容,提高学生构建知识系统的能力。	归纳法

（续表）

环节	内容	意义	方法
归纳整理	归纳数据收集、数据处理的方法	从统计的概念出发,归纳数据收集、数据处理的方法,从部分理解到整体架构,培育数学抽象。	归纳法
实例分析	给出具体的实例,计算数据的不同统计量,分析这些统计量反映的实际含义	通过实例进一步的理解不同统计量反映的实际含义,从理论学习到实际应用,培育数学抽象。	练习法
	给出具体的图表,根据图表信息提取相关数据,计算相关的统计量,分析数据的含义	通过具体的图表,培养学生提取信息的能力,从图形观察到数字计算,体会样本估计整体的统计思想。	练习法

4.实施抽象素养培育点教学过程

教师根据教学活动设计具体实施课堂教学过程,分为问题驱动、归纳整理、实例分析三个教学环节,在具体的课堂教学实施中观察学生行为特征,关注数学抽象素养培育过程中的教学具体实施难点,为改进教学提供支撑。(表3-4-9)

表3-4-9　抽象素养培育点"统计初步的复习"教学过程

环节	教学过程	学生表现
问题驱动	什么是统计学? 统计学的意义是什么?	能回顾统计学的概念以及相关的意义,进一步感受统计与实际生活的密切联系。
归纳整理		顺利构建数据收集、数据处理、数据分析的知识体系,但学生对于统计量中每个量表示的具体含义不能准确表达,需要进一步的理解,通过实例分析来加深。

环节	教学过程	学生表现
实例分析	例1：八年级(1)班的 10 名男生、10 名女生的身高数据如下(单位:cm)： 167,177,168,162,155,169,162,168,177,180,165,165,162,162,160,150,155,157,154,162。 (1) 求这个班男生的平均身高； (2) 求这个班女生身高的中位数； (3) 求这个班男女生身高的众数； (4) 请判断选取的男生组和女生组的身高,哪组更整齐,说明理由； (5) 若整个年级的女生有 500 人,那么这个年级的女生的平均身高是多少？ (6) 请绘制选取的 10 名男生的身高的频率分步直方图。 例2：据报载,在"百万家庭低碳行,垃圾分类要先行"活动中,某地区对随机抽取的 1000 名公民的年龄段分布情况和对垃圾分类所持态度进行调查,并将调查结果分别绘成条形图(图 1)和扇形图(图 2)。 图 1　　　　　图 2 (1) 图 2 调查结果为"一般"的公民占本次调查人数的百分数是_____； (2) 这次随机调查中,公民年龄的中位数所在年龄段是_____(填写年龄段)； (3) 这次随机调查中,年龄段是"25 岁以下"的公民中"不赞同"的有 5 名,占"25 岁以下"人数的百分数是_____； (4) 如果把所持态度为"很赞同"和"赞同"统称为"支持",那么这次被调查公民中"支持"的人有_____名。	能在具体的实例中计算和分析所有统计量及其所表示的含义。

5. 反思抽象素养培育点教学实效

在"统计初步的复习"这一数学抽象素养培育点的实际教学过程中,学生经历"构建统计知识结构"这一教学活动主题,在构建知识结构的过程中,深层次理解统计的相关概念,体会统计与实际生活的联系,感悟样本估计总体的统计思想等方面基本达到课堂教学预设的抽象素养培育目标。

数据处理和分析是学生在学习过程中的难点,但也是数学抽象素养培育的高阶载体,在教学过程中重视挖掘和利用学生课堂生成的认知矛盾冲突和抽象素养火花,有效提问,充分利用质疑激发具体上升抽象,抽象解释具体,达到落实抽象素养培育的目标。

6.改进抽象素养培育点教学设计

对于数据的处理和分析,已经预设为教学难点,学生在整理知识点的过程中将整个内容串联在一起,是掌握数据处理和分析的基础。在教学过程的归纳整理环节,学生出现会做题目,但不能很好地表述为什么选择这个统计量的现象,并且对于统计知识之间的一些联系和区别表达不清。针对这样的表现,具体的改进设计如表 3－4－10 所示:

表 3－4－10　抽象素养培育点"统计初步的复习"教学改进

环节	改进前	改进后
归纳整理	将知识点归纳整理成知识链的形式后直接进入例题讲解。	增设如下问题,帮助学生理解基础概念: (1) 数据收集中,抽查与普查的区别是什么? (2) 在统计图表中,各种图表的优缺点有哪些? (3) 在统计量中,平均数、中位数、众数分别适用于哪种情况? 比如,商场要售卖一批女鞋,不同鞋号的进货数量有所不同,那么商场在选择进货数量较多的鞋号时,需要参考的是不同鞋号的销售量的平均数、中位数还是众数呢? (4) 在比较两组运动员的射击水平时,如果平均数相同的情况下,怎么选拔出射击水平更高的一组呢?

通过全覆盖式的问题,学生对统计知识中的一些概念理解更深,可以更好地建立相关知识体系;在数据分析中,能够更好地选择合适的方式方法,也充分感受数学来源于生活又服务于生活,进一步理解样本估计总体等的统计思想,通过理论与实际的有机结合,有效达成培育学生的数学抽象素养的目标。

在探究教学中培育数学抽象素养

数学探究学习是指学生围绕某个数学问题,自主探究、学习的过程。这个过程包括:观察分析数学事实,提出有意义的数学问题,猜测、探求适当的数学结论或规律,给出解释或证明。数学探究是一种新的学习方式,有助于学生初步了解数学概念和结论产生的过程,初步理解直观和严谨的关系,初步尝试数学研究的过程,体验创造的激情,建立严谨的科学态度和不怕困难的科学精神;有助于培养学生勇于质疑和善于反思的习惯,培养学生发现、提出、解决数学问题的能力;有助于发展学生的创新意识和实践能力。

一、探究教学与数学抽象素养之间内涵关联

探究教学是指在教师的引导下,学生主动参与到发现问题、寻找答案的过程中,以培养学生探究兴趣和解决问题能力的一种教学活动。在数学探究教学中,教师根据教学目标创设教学情境,引导学生进行主题问题探究。在探究主题生成的过程中,学生能够体验从综合的情境中抽象出数学问题,并用恰当的数学语言表达;在个体或小组探究的过程中,学生经历针对具体问题运用或创造数学方法解决问题的过程,把握研究对象的数学特征,感悟通性通法的数学原理和其中蕴含的数学思想;在探究合作交流的过程中,学生尝试用准确的数学语言表达和交流,用数学原理解释探究主题所涉及的自然现象和社会现象。总之,探究教学为学生提供了一个探究知识或问题的平台,为学生提供了充分自由表达、抽象数学本质、获取直接体验、养成科学精神的学习实践机会,对学生数学抽象素养的培育具有重要的意义。

二、培育数学抽象素养之探究教学设计路径

根据确定抽象素养培育载体、实施抽象素养培育教学和改进抽象素养培育设计的三阶段整体设计框架，形成探究教学可视化的教学设计路径。在确定抽象素养培育载体阶段，通过梳理单元背景下的探究生成链，厘清探究主题的数学背景，以及主题背后的数学思维、探究主题与单元知识之间的生成关联，定位探究生成链中的数学抽象素养培育着眼点。在实施抽象素养培育阶段，关键点在于如何充分发挥探究生成链中培育点的载体作用，即重在探究教学的教学活动设计上。在改进抽象素养培育设计阶段，反思探究教学中培育学生抽象素养的实效，并对教学设计提出改进建议，为探究教学中落实数学抽象素养培育积淀有效教学策略。（图 3 - 5 - 1）

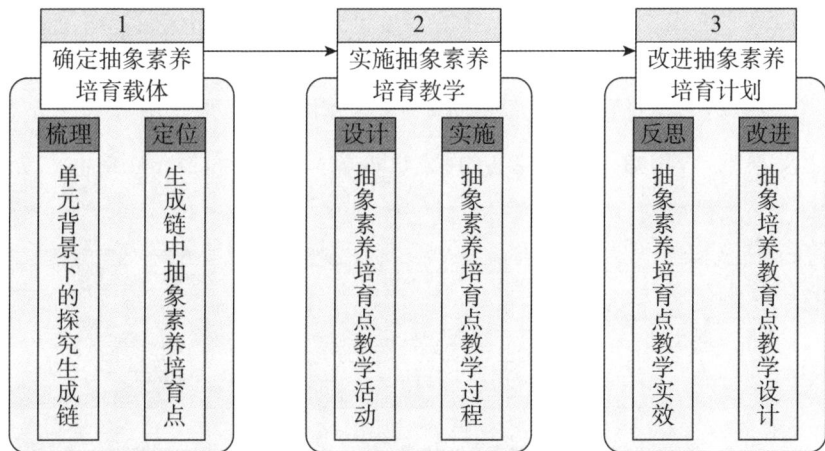

图 3 - 5 - 1　培育数学抽象素养之探究教学设计路径

三、探究教学中培育数学抽象素养教学案例

根据培育数学抽象素养之探究教学设计路径，展开探究教学设计和实践，通过行动研究，落实"体现探究的思维过程"这一探究教学核心理念。探究教学案例1——"图形变换中的小路宽度问题"，源自上教版《数学》八年级第一学期第十七章"一元二次方程"中"一元二次方程的应用"的拓展学习与思考。探究教学案

例2——"从"赵爽弦图"到"数学风车",源自上教版《数学》八年级第一学期第十九章"几何证明"中"勾股定理"的拓展学习与思考。

案例1 "图形变换中的小路宽度问题"

1.梳理单元背景下的探究生成链

本教学案例属于单元"一元二次方程"的拓展学习,一元二次方程是本章的重要内容之一,一元二次方程本身就是从实际问题中抽象出来的一个数学模型。在长方形模型中探讨小路宽度的基础上,不断探究在平行四边形、梯形以及更复杂图形背景下的小路宽度,学生对于面积问题的分析、图形的转化、实际问题中一元二次方程模型的利用、根的取舍等问题的解决能力得到提升和锻炼。

本探究以小路宽度求解为主线,让学生经历"问题情境—建立方程模型—解决问题"的过程,利用图形平移变换,割补法和探究变换后的图形的小路问题,直观理解出入相补原理,发展学生的图形分析能力,体会用数学眼光观察,用数学思维思考,用数学语言表达的数学探究乐趣。本课题探究生成链示意图如图3-5-2所示:

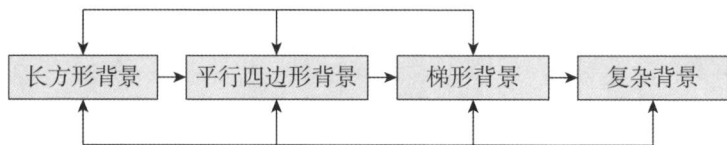

图3-5-2 "从'长方形背景'到'实际复杂背景'小路宽度问题"探究生成链

在本生成链中,长方形背景下小路宽度问题可以用对话法切入主题,学生在探究长方形背景下小路宽度问题中构造一元二次方程模型的解决方法;进一步发现平行四边形背景下的问题可以通过图形割补法转化为长方形背景问题,可以用发现法和对话法引导探究,然后用归纳法进行抽象提炼;梯形背景问题全部交给学生去探究、归纳、总结。最后的复杂背景下小路宽度问题鼓励学生从不同角度探究,用对话法互相启迪思维,探究、合作、交流,用发现法对新问题提出合理的解决方案。(图3-5-3)

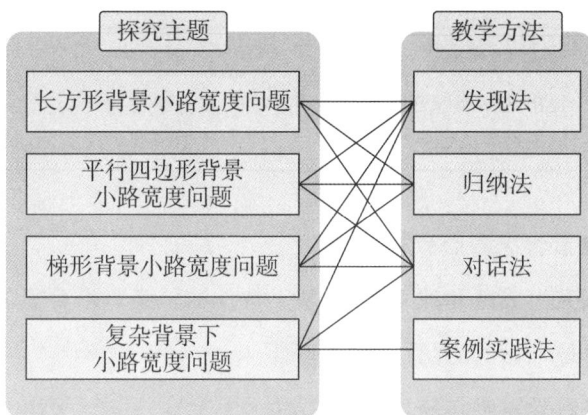

图 3-5-3 "小路宽度问题"探究教学方法选择建议

2.定位生成链中抽象素养培育点

本案例单元的探究教学中对应数学抽象素养培育点主要表现在"提出数学命题和模型"和"形成数学方法与思想",并主要指向"提出数学命题和模型"和"形成数学方法与思想"的水平二和水平三,即"能够在关联的情境中抽象出数学问题""能够在新的情境中选择和运用数学方法解决问题,能够提炼出解决一类问题的数学方法,理解其中的数学思想"和"能够在综合的情境中抽象出数学问题,并用能用抽象出的模型解决实际问题""能够针对具体问题运用或创造数学方法解决问题,能够感悟通性通法的数学原理和其中蕴含的数学思想",具体素养培育点定位如表 3-5-1 所示:

表 3-5-1 "小路宽度问题"数学抽象素养培育点

探究主题	主要表现	水平层级	培育点说明
长方形背景下小路宽度问题	提出数学命题和模型	2	在长方形背景下通过图形平移并利用一元二次方程模型解决小路宽度问题。
平行四边形背景下小路宽度问题	形成数学方法与思想	2	通过图形的割补将平行四边形转化为长方形。
梯形背景下小路宽度问题	提出数学命题和模型形成数学方法与思想	3	通过转化思想,在再次更换背景的情况下让更多学生有成功体验。

（续表）

探究主题	主要表现	水平层级	培育点说明
复杂背景下小路宽度问题	提出数学命题和模型形成数学方法与思想	3	在复杂背景下,学生充分讨论,利用所学模型解决实际问题。

3. 设计抽象素养培育点教学活动

通过梳理探究生成链和教学方法,基于数学抽象素养培育点的进一步定位,以探究主题为单位,展开探究教学活动设计。

教学目标及教学重难点分析：

首先,进行教学目标及教学重点、教学难点分析,在本探究课例中,从探究路径的提出,探究过程的体会,到探究结果的再应用,处处呈现数学抽象素养培育点,具体如表3-5-2所示：

表3-5-2 "小路宽度问题"教学目标及重难点分析

教学目标	1. 经历从"长方形背景到复杂背景下小路宽度问题"的探究过程,掌握用面积法建立一元二次方程的数学模型,并运用它解决问题。掌握利用图形移动,用"化零散为整体"的方法解决小路宽度问题； 2. 经历创设情境的系列探究过程,体会用数学眼光观察,用数学思维思考,用数学语言表达的数学探究乐趣。
教学重点	1. "长方形背景下小路宽度问题"的探究； 2. 通过图形的运动、割补等方法,高效解决各种不同背景下的小路宽度问题。
教学难点	通过图形的运动、割补等方法,高效解决各种不同背景下的小路宽度问题,抽象出处理此类问题的一般方法。

通过教学目标分析,先从简单的"长方形背景下小路宽度问题"的探究,提炼抽象出问题解决路径；再逐步向更高目标迈进,即通过图形的运动、割补等方法,高效解决各种不同背景下的小路宽度问题,这也是本课时的教学重点和难点。

抽象素养培育点教学活动设计：

本探究课例的抽象素养培育点主要体现在长方形背景下小路宽度问题、可转化为长方形背景小路宽度问题和复杂背景下小路宽度问题三个探究主题,以可转化为长方形背景小路宽度问题这一主题为例,详述如何围绕这一数学抽象素养培育点展开探究教学活动设计,具体环节如表 3-5-3 所示:

表 3-5-3 抽象素养培育点"长方形背景下小路宽度问题"教学活动设计

环节	内容	意义	方法
观察思考	观察图形——对于不同设计师的两条小路不同位置的设计,发现绿化面积不变规律。	通过直观观察,在图形运动的情境中直观感受图形的变化。	发现法
抽象归纳	分析图形——根据情境要求,比较不同设计下绿化面积是否相等,发现面积数量关系。	在直观观察的基础上,通过分析,从直观感知到理性思考,培育数学抽象能力。	对话法 归纳法
灵活应用	归纳图形——总面积不变和小路面积不变的情况下,绿化面积不变,可以构造一元二次方程模型解决路宽问题。	从图形观察到理性分析,能够在图形变化的情境中抽象出数学问题,并用一元二次方程模型解决问题,培育数学抽象能力。	对话法 发现法 归纳法

具体地说,即采用发现法、归纳法和对话法,对于"图形探究"这一教学重点,通过"直观观察—图形分析—抽象归纳",经历从具体到抽象的图形运动探究过程,培育数学抽象素养。

4. 实施抽象素养培育点教学过程

教师根据教学活动设计具体实施课堂教学过程,分为观察思考、抽象归纳、灵活应用三个教学环节,在具体的课堂教学实施中观察学生的行为特征,关注数学抽象素养培育过程中的教学具体实施难点,为改进教学提供支撑。(表 3-5-4)

表 3-5-4 抽象素养培育点"小路宽度问题"教学过程

环节	教学过程	学生表现
观察思考	1. 我校准备在长方形绿地上铺设若干宽度相等的小路(阴影部分是小路),三种设计图案如图 1、图 2、图 3 所示,各个方案中的路宽全部相同。请问:三种设计	第一个场景学生顺利发现三者道路面积是一样的,紧跟着一部分学生

环节	教学过程	学生表现
观察思考	方案中绿地面积是否相同？为什么？请说明理由。  图1 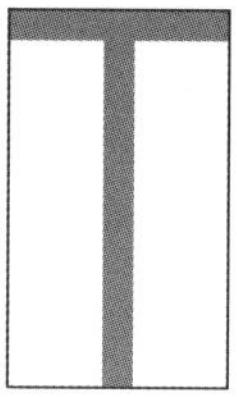　　　图2 　　　图3 2. 我校准备在长 32 米、宽 20 米的长方形场地地上铺设若干宽度相等道路，余下部分种植草坪，草坪的总面积为 540 平方米。求以下两种设计方案（图 4、图 5）道路的宽分别是多少米。 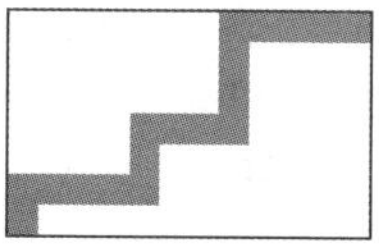 图4 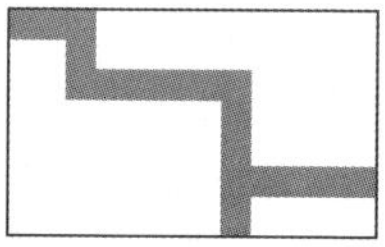　　　　图5	发现长方形面积一样，剩下的绿地面积也一样，这个时候引导学生把等量关系记录下来；第二题更复杂，但是有第一题的平移体验，还是有相当一部分学生发现其实是一样的。
抽象归纳	3. 如图 6，要设计一个平行四边形的草坪，草坪底边长为 100 米、高为 80 米。在水平方向和竖直方向各有两条小路，各条小路的宽度相等，草坪总面积 6624 平方米，求小路的宽。 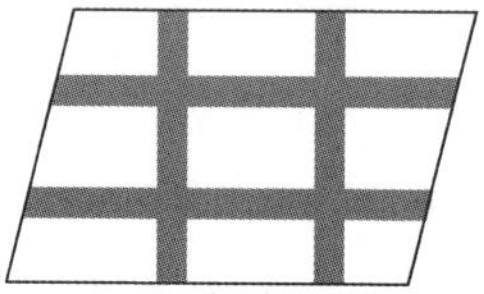 图6 通过图形割补，发现平行四边形可以转化为长方形背景下的小路宽度问题。	由于分界不明显，一开始学生没有发现规律，但是很快就发现可以通过割补法实现转化。
灵活应用	4. 如图 7，要设计一个等腰梯形的花坛，花坛上下底分别为 28 米、36 米，高为 20 米，在两腰中点连线处有一条横向小路，上下底之间有一条纵向小路，各条小路的宽度相等。	在模型逐步构建过程中，学生逐步学会用文字语言将解决问题的方法抽象出来，再通过对

（续表）

环节	教学过程	学生表现
灵活应用	（1）小路面积是梯形面积的 $\frac{5}{32}$，小路的宽为多少米？ 图 7 （2）要设计一个如图 8 所示的草坪，草坪正中间是一个边长为 20 的小正方形水池米，大正方形边长为 60 米，大小正方形之间是草地，阴影部分是铺设的石头小路，环形小路边沿与大小正形各边的距离相等，所有小路的宽度相等，已知小路面积是草地面积的 $\frac{7}{18}$，求小路宽度。 图 8	话交流，归纳总结得到解决此类问题的大致流程，并在新的情境中应用模型，培育数学抽象素养。

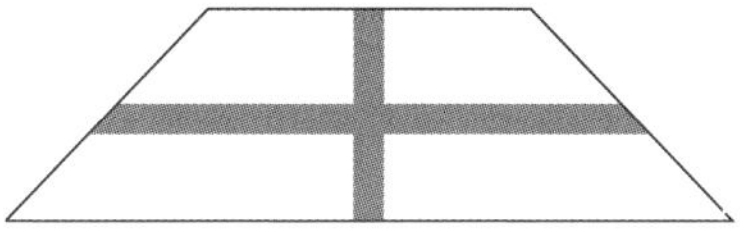

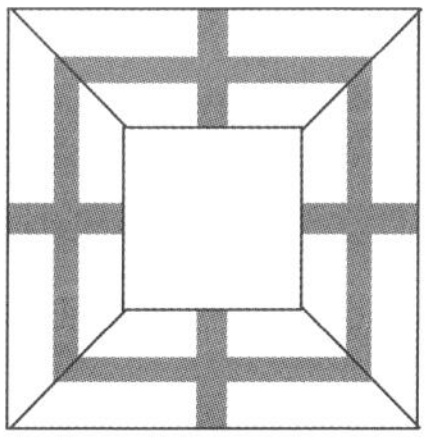

5. 反思抽象素养培育点教学实效

学生围绕"小路宽度"这一探究活动主题，在问题背景变复杂的过程中，逐步抓住图形变化过程中的不变因素，经历了从具体到抽象的图形探究过程，达到课堂教学预设的抽象素养培育目标。

引导学生用类比和化归的思想解决问题，通过用系列场景的设置问题，层层递进，培养学生发现问题和解决问题的能力。其中，"平行四边形背景的问题怎么解决"是学生最大的疑惑，鼓励学生通过合作交流和动手操作的方法探究和解决疑惑，再设计梯形背景下小路宽度问题，此时学生已经抽象出基本解决问题的模型，在处理问题时显得从容而自信，抽象素养得到锻炼和提高。最后在处理更为复杂的复合图形时，学生进行头脑风暴，感觉意犹未尽。

6.改进抽象素养培育点教学设计

观察思考环节,由于没有让学生说明理由,学生抽象素养的培育功能没有得到强化;抽象归纳环节,等量关系没有明确写出来,抽象培育效果打折扣。因此,应该给学生充分的表达机会,应该更多鼓励每一位学生通过对主题的深入探究,真正体会用数学眼光观察,用数学思维思考,用数学语言表达的数学探究乐趣,有效达成培育学生的数学抽象素养的目标。根据以上的思考,进行如下的教学改进(表3-5-5):

表3-5-5 抽象素养培育点"小路宽度问题"教学改进

环节	改进前	改进后
观察思考	没有加"请说明理由",仅仅要学生简单判断。	增加"请说明理由",从而促使学生用抽象的字母代替数字进行思考。
抽象归纳	没有要求学生把等量关系归纳出来。	请同学们归纳一下解决此类问题的一般思路,从而让学生对减法的抽象认识更加深刻。
	学生表达还不够充分。	多分配一些时间给学生表达,抽象出变换过程中的不变因素的思考过程让更多学生抽象能力得到提升,并充满成就感。

通过教学改进,对呈现抽象素养有极大帮助,设计理念决定了改进方向,为了使学生抽象素养的提升,在教学过程中要精心设计优化教学环节,逐步渗透浸润抽象素养。每一次教学优化改进,都是围绕学生抽象素养和学情进行设计和改进,通过不断的实践和反思,设置各种情境,不断引导学生围绕主题进行探究。不知不觉中学生学会用数学的眼光观察,用数学思维思考,用数学的语言表达,有效达成培育学生抽象素养的目标。

案例2 "从"赵爽弦图"到"数学风车"

1.梳理单元背景下的探究生成链

本教学案例属于单元"几何证明"的拓展学习,勾股定理是本章的重要内容之一,课本的阅读材料二主要介绍了有关勾股定理的数学史,证明勾股定理的几种典型方法,以及在勾股定理的应用研究中所产生的新成果。在有关勾股定理的数学史的学习过程中,学生可以了解中国古代的算法构图简捷、新颖、和谐。

本探究问题的生成基于对赵爽弦图的欣赏、对面积割补的体验,从赵爽弦图出发,利用平移变换,探究变换后的图形和问题,直观理解出入相补原理,发展学生的图形分析能力,体会用数学眼光观察,用数学思维思考,用数学语言表达的数学探究乐趣。本课题探究生成链示意图如图 3-5-4 所示:

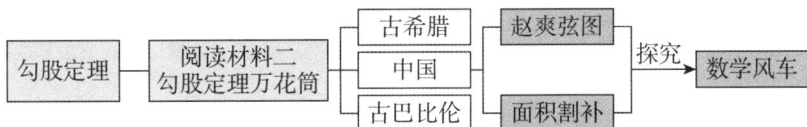

图 3-5-4　"从'赵爽弦图'到'数学风车'"探究生成链

在本生成链中,"从赵爽弦图到数学风车图形变换的探究路径"可以用对话法切入主题;"数学风车图形探究"可以用发现法和对话法引导探究,然后用归纳法进行抽象提炼;"数学风车中心风叶量化探究"可以用发现法鼓励学生从不同角度探究,用对话法互相启迪思维,用归纳法抽象数学思想和方法;"提出新问题再探究"可以用发现法对新问题提出合理的解决方案,用对话法促进探究合作交流。(图 3-5-5)

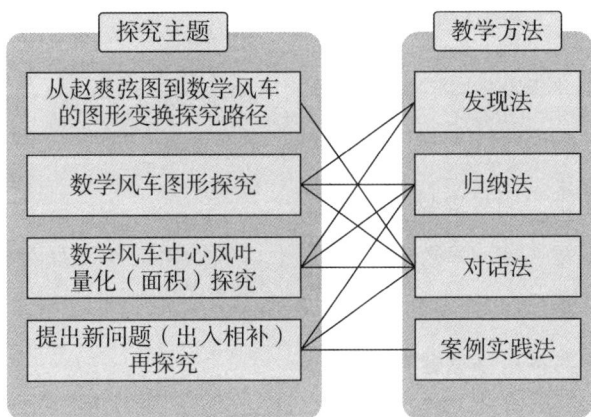

图 3-5-5　"从'赵爽弦图'到'数学风车'"探究教学方法选择建议

2. 定位生成链中抽象素养培育点

本案例单元的探究教学中对应数学抽象素养培育点主要表现在"提出数学命题和模型"和"形成数学方法与思想",并主要指向"提出数学命题和模型"和"形成数学方法与思想"的水平二和水平三,即"能够在关联的情境中抽象出数学问题""能够在新的情境中选择和运用数学方法解决问题,能够提炼出解决一类问题的数学方法,理解其中的数学思想"和"能够在综合的情境中抽象出数学问题,并用恰当的数学语言予以表达""能够针对具体问题运用或创造数学方法解决问题,能够感悟通性通法的数学原理和其中蕴含的数学思想",具体素养培育点定位如表3-5-6所示:

表3-5-6 "从'赵爽弦图'到'数学风车'"数学抽象素养培育点

探究主题	主要表现	水平层级	培育点说明
从"赵爽弦图"到"数学风车"之探究路径	提出数学命题和模型	2	能够以赵爽弦图和图形变换为联合背景,在关联的情境中抽象出数学问题,提出探究问题,生成探究主题。
数学风车图形探究	提出数学命题和模型 形成数学方法与思想	2	能够在数学风车这一新的图形中,运用图形分析的数学方法解决问题。
数学风车中心风叶面积探究	提出数学命题和模型 形成数学方法与思想	3	能够在中心风叶面积这一综合情境中抽象出数学问题,并运用适当的方法解决问题。
提出新问题(出入相补)再探究	提出数学命题和模型 形成数学方法与思想	3	能够针对具体问题运用出入相补解决问题,能够感悟通性通法的数学原理和其中蕴含的数学思想。

3. 设计抽象素养培育点教学活动

通过梳理探究生成链和教学方法,基于数学抽象素养培育点的进一步定位,以探究主题为单位,展开探究教学活动设计。

教学目标及教学重难点分析:

首先,进行教学目标及教学重点、教学难点分析,在本探究课例中,从探究路径的提出,探究过程的体会,到探究结果的再应用,处处呈现数学抽象素养培育点,具体如表3-5-7所示:

表 3-5-7 "从'赵爽弦图'到'数学风车'"教学目标及重难点分析

教学目标	1. 经历从"赵爽弦图"到"数学风车"的探究过程,直观理解出入相补原理,发展图形分析能力; 2. 经历从身边问题出发的系列探究过程,体会用数学眼光观察,用数学思维思考,用数学语言表达的数学探究乐趣。
教学重点	1. 从"赵爽弦图"到"数学风车"的图形探究; 2. 数学风车中心风叶的面积探究。
教学难点	1. 数学风车中心风叶的面积探究; 2. 出入相补原理的创造性运用。

其次,通过教学目标分析,明确从"赵爽弦图"到"数学风车"的图形探究和数学风车中心风叶的面积探究是本课时的教学重点,其中"面积探究"和"出入相补的创造性运用"是本课时的教学难点。

抽象素养培育点教学活动设计:

本探究课例的抽象素养培育点主要体现在"图形探究""面积探究"和"出入相补再探究"三个探究主题,以"从'赵爽弦图'到'数学风车'的图形探究"这一主题为例,详述如何围绕这一数学抽象素养培育点展开探究教学活动设计,具体环节如表 3-5-8 所示:

表 3-5-8 抽象素养培育点"数学风车图形探究"教学活动设计

环节	内容	意义	方法
直观观察	图形变化——从赵爽弦图出发,将四个全等的直角三角形分别沿着正方形的边,从较大锐角顶点向较小锐角顶点方向平移,平移的距离相等,请观察图形的变化。	通过直观观察,在图形运动的情境中直观感受图形的变化。	发现法
分析想象	图形分析——"数学风车"中心风叶从顺时针变化为逆时针的分界图形是什么?	在直观观察的基础上,通过图形分析,从直观感知到理性思考,培育数学抽象。	对话法归纳法
抽象归纳	图形归纳——如何表述"数学风车"中心风叶从顺时针变化为逆时针的分界图形的特征?	从图形观察到理性分析,能够在图形变化的情境中抽象出数学问题,并用恰当的数学语言予以表达,培育数学抽象。	归纳法

　　具体地说,即采用发现法、归纳法和对话法,对于"图形探究"这一教学重点,通过"直观观察—图形分析—抽象归纳",经历从具体到抽象的图形运动探究过程,培育数学抽象素养。

4.实施抽象素养培育点教学过程

　　教师根据教学活动设计具体实施课堂教学过程,分为直观观察、分析想象、抽象归纳三个教学环节,在具体的课堂教学实施中观察学生的行为特征,关注数学抽象素养培育过程中的教学具体实施难点,为改进教学提供支撑。(表3-5-9)

表3-5-9　抽象素养培育点"数学风车图形探究"教学过程

环节	教学过程	学生表现
直观观察	图形变化——将四个全等的直角三角形分别沿着正方形的边,从较大锐角顶点向较小锐角顶点方向平移,平移的距离相等。  通过课件演示,直观观察在平移过程中图形的变化。	能通过直观观察,从特殊位置出发进行分析,发现图形的变化规律:中心风叶的旋转方向发生变化。
分析想象	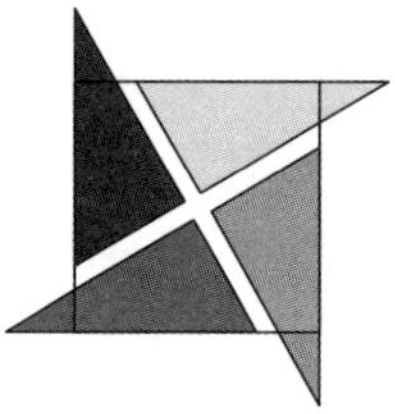 问题—— "数学风车"中心风叶从顺时针变化为逆时针的分界图形是什么? 通过图形分析,确认图形从量变积累到质变的关键位置。	通过分析想象,学生能感悟图中所示位置为分界图形,为数学抽象提供思维基础。

（续表）

环节	教学过程	学生表现
抽象归纳	请用语言描述"数学风车"中心风叶从顺时针变化为逆时针的分界图形的数学特征。	仅个别学生能从不同的角度（从综合情境中抽象出数学问题），用恰当的语言描述该位置的数学特征，通过个体的抽象归纳、小组的对话交流，培育数学抽象素养。

5. 反思抽象素养培育点教学实效

在"从'赵爽弦图'到'数学风车'的图形探究"这一数学抽象素养培育点的实际教学过程中，学生经历"图形变化"这一探究活动主题，经历了从具体到抽象的图形探究过程，达到课堂教学预设的抽象素养培育目标。

用语言描述"数学风车"中心风叶从顺时针变化为逆时针的分界图形的数学特征是学生在探究过程中的难点，但也是数学抽象素养培育的高阶载体，能培养学生从综合情境中抽象出数学问题的能力和用恰当的语言描述事物数学特征的能力。在教学过程中，因只有个别学生能独立抽象提炼图形特征，故教师利用探究课的合作交流平台作用，以探究主题为任务驱动，尽可能地激发更多的学生用数学的眼光观察，用数学的思维思考，用数学的语言表达，达到落实抽象素养培育的目标。

6. 改进抽象素养培育点教学设计

对于用语言描述"数学风车"中心风叶从顺时针变化为逆时针的分界图形的数学特征，在教学设计时对该难点的预估不够充分，在课堂教学时仅能依靠个别数学思维能力出众的学生发挥思维交流，以推进探究主题的深入。通过课堂教学实践，建议在教学设计时准备备选探究方案，将原教学设计定位为"大探究方案"，即完全以学生为主开展自主探究，再设计"小探究方案"：(1)共同构建该分界图形情境下的数学小问题，示范用数学的眼光观察问题；(2)用不同的数学眼光观察问题，提出多元数学小问题；(3)选择恰当的数学眼光观察问题，用语言描述其数学特征；(4)小组分享，通过个体直接体验、抽象该情境下的数学本质。具体改进方案如表 3 - 5 - 10 所示：

表 3 - 5 - 10　抽象素养培育点"数学风车图形探究"教学改进

环节	改进前	改进后
抽象归纳	请用语言描述"数学风车"中心风叶从顺时针变化为逆时针的分界图形的数学特征。	探究任务： 请用语言描述"数学风车"中心风叶从顺时针变化为逆时针的分界图形的数学特征。 探究方案： 方案 1（大探究方案）：通过观察图形分析想象，直接抽象出分界图形的数学特征。 方案 2（小探究方案）： a. 观察四个直角三角形直角顶点的位置关系，归纳分界图形的数学特征； b. 观察四个直角三角形直角边的位置关系，归纳分界图形的数学特征； c. 观察中心风叶的图形变化，归纳分界图形的数学特征。 （教师先给出大探究方案，思考一段时间后，再给出小探究方案供选择）

　　在具体的探究课堂教学中，以学生为主体，根据学生表现，决定使用"大探究方案"或"小探究方案"。鼓励每一位学生通过对主题的深入探究，真正体会用数学眼光观察、用数学思维思考、用数学语言表达的数学探究乐趣，有效达成培育学生的数学抽象素养的目标。

第四章

品析教学案例
落实数学抽象素养

在聚焦课堂教学的过程中,通过"确定抽象素养培育载体""实施抽象素养培育教学"和"改进抽象素养培育设计"三个阶段的实践与反思,对于概念教学、性质教学、问题教学、复习教学和探究教学五类课堂中数学抽象素养的落实有了更加直观深入的体验。通过对教学案例的品析,思考如何提高学生能在情境中抽象出数学概念的能力,如何经历性质的探究提高认识问题本质的能力,如何通过问题的解决培养学生在日常生活和实践中一般性思考问题的习惯,如何通过体系的构建帮助学生积累从具体到抽象的活动经验,如何在综合探究类问题中运用数学抽象的思维方式思考并解决问题,从而在课堂教学中落实数学学科抽象素养。

概念教学中培育数学抽象素养的有效路径

概念是思维的基本单位,在聚焦课堂教学实践环节中,我们将"体现概念的形成过程"定位为概念教学的核心理念,关注知识的发生发展过程,感悟知识的本质,因此,在概念教学中应注重概念的背景,通过呈现典型丰富的实例,营造抽象概括的环境,实现抽象概念形象化;关注概念的形成,通过充分概括概念的一般属性,感受抽象概括的过程,实现概念特征一般化;强调概念的辨析,通过深度思考概念的本质特征,体会数学抽象的严谨,实现概念抽象本质化;构建概念的体系,通过概念链的内外架构,促进理解概念之间的关联,实现抽象概念体系化。

一、注重概念背景,营造抽象概括环境

数学概念首要表现在概念的形成。数学概念并没有那么神秘,并不是凭空产生的,很多概念都是从现实生活中抽象出来的。教师在概念教学尤其是章节的起始概念教学中要关注概念形成的背景,通过呈现典型丰富的实例,为概念的抽象搭建基石、创造环境,孕育数学抽象。下面通过品析概念教学案例"14.1(2) 三角形的有关概念"和"24.6(1) 实数与向量相乘",探索如何通过注重概念背景,营造抽象概括环境。

案例1 "14.1(2) 三角形的有关概念"

【教学片段】创设情境

引入:请判断下列线段(单位长度:cm)能否围成三角形,并说明理由。

(1) 4、5、6　　　(2) 3、8、5

（3）3、5、4　　　（4）4、9、6

（5）3、3、3　　　（6）2、6、3

（7）5、9、5　　　（8）7、7、2

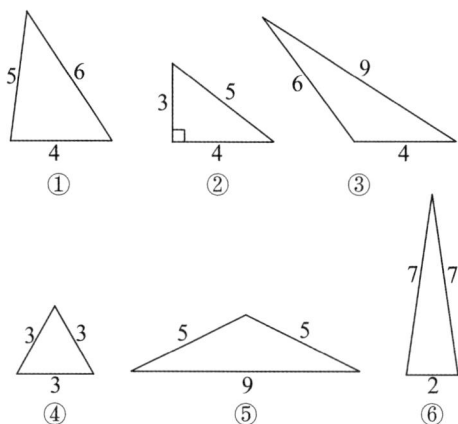

问题：上述三角形形状各异，你看出哪些类型的三角形呢？

设计意图：对三角形分类的意识不是凭空产生的，通过复习旧知引出一组形状各异的三角形，通过具体形象的问题，自然直观地引出三角形分类的背景，为学生提供抽象概括的典型实例。

案例2　"24.6（1）　实数与向量相乘"

【**教学片段**】问题探究

引入：我们已经知道 $a+a+a=3a$，$(-a)+(-a)+(-a)=-3a$，即

$$\underbrace{a+a+\cdots+a}_{n\text{个}a}=na（其中 n 为正整数）。$$

这是"几个相同的数连加的运算"。

问题：那么，几个相同的向量连加，能否像几个相同的数连加一样，把它表示为乘法运算的形式呢？已知非零向量 $\vec{a}$，那么 $\vec{a}+\vec{a}+\vec{a}=$？

设计意图：采用了课本中的引入方法，通过类比"几个相同的数连加的运算"，引出"正整数与向量相乘"的运算；然后推广到整数、有理数与向量相乘，再抽象出"实数与向量相乘"的定义。对于学生来说，知识的迁移较容易，更容易抽

象出相关知识之间的联系,营造抽象概念的氛围。

概念的抽象需要典型丰富的实例,教师通过复习引入教学设计,自然地提供三角形分类典型实例,引导学生从具体的实例背景中展开三角形分类本质特征的概括活动;在向量概念的学习中,教师通过类比已知的概念从而提出问题,引导学生进行知识的迁移。概念教学中"参与"是关键,即参与从典型实例中概括概念本质特征的活动,为数学抽象素养提供飞扬的载体。

二、关注概念形成,感受抽象概括的过程

数学概念往往揭示了相关事物之间的数量、规律、形式等关系的本质属性,从而成为培养与提升学生的数学抽象素养的一个重要环节。通过关注数学概念的形成,从具体事物中抽象出研究对象的本质特征,进行合理抽象概括,进而形成数学知识,并得以运用解决相应的数学问题。数学概念与数学抽象息息相关,两者紧密相连。下面通过品析概念教学案例"14.1(2) 三角形的有关概念"和"26.1 二次函数的概念",探索如何通过关注概念形成,感受抽象概括的过程。

案例 1 "14.1(2) 三角形的有关概念"

【教学片段】问题驱动

问题:如果想对这些不同类型的三角形进行分类,你会如何分类?

课堂表现:基于锐角三角形、直角三角形、钝角三角形的初步认知基础,大多数学生首选按角进行分类且表述完整。按边进行分类的学生多数会出现等边三角形和等腰三角形的分类情形。

设计意图:通过激活学生已有相关知识经验,探究的问题从观察具体的三角形的形状上升到对三角形进行分类,这是一个典型的从具体到抽象的过程。通过学生在课堂中的表现,可以观察到他们对概念属性的领悟程度,形成对概念的初步认识,并为进一步抽象做好准备。

【教学片段】矛盾冲突

定义:三边互不相等的三角形叫做不等边三角形。

问题:将三角形按边分类可以分为几类?

课堂表现:课堂中学生的第一反应均是三类,即不等边三角形、等腰三角形和等边三角形。

追问 1:请将上述 6 个三角形按边进行分类,分别说说它们是什么三角形。

课堂表现:学生迅速回答三角形①、三角形②和三角形③都是不等边三角形,三角形④是等边三角形,三角形⑤和三角形⑥是等腰三角形。

追问 2:三角形④是等腰三角形吗? 若三角形按边可分为三类——不等边三角形、等腰三角形和等边三角形,则三角形④属于哪一类呢?

设计意图:激发认知冲突,给学生充分的时间让其参与其中,激发学生的学习兴趣和热情,关注思维的实质性参与。

案例 2 "26.1 二次函数的概念"

【教学片段】观察探究

问题:如果对刚才所求得的函数 $y=4x$,$y=4x+4$,$y=x^2$,$y=8x+16$,$y=\frac{5}{x}$,$y=2x^2-20x+100$ 进行分类,你会怎么分? 你这样分的依据是什么?

课堂表现:有的学生按照学过和没学过来分,则二次函数为单独一类;有的学生按照等号右边是分式还是整式来分,则引出了概念中的"整式"一词;有的学生试图按照自变量 x 的次数来分,但最终分成了三类,也较易得出二次函数中次数为 2 的概念。

设计意图:通过以开放性问题的形式提问,从学生已有认知出发,层层剖析引出二次函数的概念。相较以往完全由教师讲授得到新知更显有趣,也可以从中激发学生的思维,提升思辨能力,感知数学抽象概念具体化的过程,加深对于概念的初步认知。

概念的形成过程充满矛盾冲突,这是激发学生学习兴趣和抽象思维内动力的绝佳契机,比如三角形按边如何进行分类,初步直观的认知和分类基本原则产生了矛盾冲突,这就是概念形成的滋生点和教学难点的突破点。又如二次函数概念的辨析,以开放性问题的形式呈现,还课堂于学生,迸发出思维的火花,概念的抽象和理解水到渠成。

三、辨析概念本质,深入抽象概念的内涵

概念主要是用来反映客观对象的某些本质属性的一种思维形式,而数学概念是数学思维品质与关键能力的集中体现,把握数学概念教学就是落实数学学科核素养的重要策略。正确辨析概念,有助于加深对于抽象数学概念的理解,如正例有助于巩固定义,反例则更易完善学生的逻辑思维体系。下面通过品析概念教学案例"26.1 二次函数的概念",探索如何通过辨析概念本质,深入抽象概念的内涵。

案例 "26.1 二次函数的概念"

【教学片段】概念辨析

问题:下列函数中哪些是关于 x 的二次函数?

1. $y = \dfrac{3}{4}x$ 2. $y = -0.5x^2 + 1$ 3. $y = x(2x - 1)$

4. $y = (x+4)^2 - x^2$ 5. $y = \dfrac{x^2 - 2x + 1}{x}$ 6. $y = x^4 + 2x^2 + 1$

7. $y = \dfrac{3x^2 - x}{\pi}$ 8. $y = \sqrt{x^2}$ 9. $y = (k-1)x^2 + kx + 3$

课堂表现:还是有学生在辨析时产生混淆。

追问:为什么此函数不是二次函数?它不满足什么条件?它是不是我们已学习过的函数?

设计意图:在已经学习了新概念的基础上,引入辨析题,以题组形式加深学生对于新知的认知,在正反变式中产生认知冲突,提升对于新知的理解,深入把握知识内涵。同时,也与之前导入的环节呼应,复习已学的函数。

概念是数学学习的基石,初中数学学习阶段以"模仿"型学习为主。例如,课本中关于函数解析式的表述时采用"形如"一词,体现了从形式理解到深入理解

的过程。因此,在教学过程中,往往会通过具体实例来帮助理解抽象的数学概念,依托正反例的载体加深对于抽象概念的认知,为构建更完善的知识体系作铺垫。

四、构建概念体系,拓展抽象概念的外延

数学概念都是比较抽象的,是用完整的数学语言去描述客观事物的空间形态和数量关系。若仅仅只从某一概念出发去识记,缺乏内在联系性,则过于机械。因此需要构建概念体系,站在足够的高度上进行体系化学习,促进理解概念之间的关联,从而拓展抽象概念的外延。下面通过品析概念教学案例"26.1 二次函数的概念"和"24.6(1) 实数与向量相乘",探索通过构建概念体系,拓展抽象概念的外延。

案例1 "26.1 二次函数的概念"

【教学片段】问题链导入

问题1:如果正方形的边长是 x 厘米,那么它的周长 y 厘米是边长 x 厘米的函数, y 关于 x 的函数解析式是什么?

问题2:一个边长为1厘米的正方形,如果它的边长增加 x 厘米,周长为 y 厘米,那么 y 关于 x 的函数解析式是什么?

问题3:如果正方形的边长是 x 厘米,那么它的面积 y 平方厘米是边长 x 厘米的函数, y 关于 x 的函数解析式是什么?

问题4:一个边长为4厘米的正方形,如果它的边长增加 x 厘米,面积随之增加 y 平方厘米,那么 y 关于 x 的函数解析式是什么?

问题5:一个面积为5平方厘米的长方形,一条边长是 x 厘米,与其相邻的一边长是 y 厘米,那么 y 关于 x 的函数解析式是什么?

问题6:把一根40厘米长的铁丝分为两段,再分别把每一段弯折成一个正方形。设其中一个正方形的边长为 x 厘米,两个正方形的面积和为 y 平方厘米,那么 y 关于 x 的函数解析式是什么?

提问:观察这几个函数,比较它们的区别与联系。

设计意图:从复习已学函数入手,通过比较这些函数的形式,归纳得出二次函数的解析式。以问题链形式创设相同背景,引发认知冲突,更加深对初中函数学习的结构化认知,使抽象的函数概念体系化。

案例2 "24.6(1) 实数与向量相乘"

【教学片段】问题驱动

探索:已知非零向量,那么 $\vec{a}+\vec{a}+\vec{a}=?$ $(-\vec{a})+(-\vec{a})+(-\vec{a})=?$

一般地,设 n 为正整数,$\vec{a}$ 为向量,那么我们用 $n\vec{a}$ 表示 n 个 $\vec{a}$ 相加;用 $-n\vec{a}$ 表示 n 个 $-\vec{a}$ 相加。又当 m 为正整数时,$\frac{n}{m}\vec{a}$ 表示与 $\vec{a}$ 同向且长度为 $\frac{n}{m}|\vec{a}|$ 的向量。

问题1:探究实数与向量相乘的结果是什么。

问题2:探究实数与向量相乘的结果是一个怎样的向量。

设计意图:在教学过程中指出,"实数与向量相乘"其实是向量的放缩运动,以此建立两者的联系,有助于学生理解"实数与向量相乘"的几何意义。通过问题驱动、内容的展开,让学生通过观察,体会从特殊到一般、从具体到抽象,注重知识的归纳和形成,更易于掌握向量的相关概念。

课堂表现:学生已经通过类比几个相同的数连加的运算,引出正整数与向量相乘的运算,因此导入新知时反馈较好,能够进行归纳和总结。

概念教学并不是独立存在,是互相依存的,既是对已有知识的承接,又是对后续知识的传递,将这些概念组织在一起,就形成了知识结构。以问题驱动来引入,创设教学情境,体现数学教育的本质,让学生借助数学学习建构知识体系,并从数学的角度观察世界、发现问题,从而解决问题。

概念是数学教学中最重要的部分之一,概念教学也是最基础的环节。数学知识是客观且抽象的,因此对于大多数学生知识而言,数学概念的学习存在一定困难。在教学的过程中,为了避免学生对繁杂的数学概念失去兴趣,教师要不断思考概念教学的方式和相关活动,激发学生对于概念学习的兴趣,从而使得学生在活动过程中能够更好地理解各种数学概念。数学概念是整个数学教学工作中的一条线索,体现了抽象的数学素养。通过概念的背景,促进学生对于数学知识的理解;通过辨析使教学过程更加有逻辑和条理,从而构建起概念体系,实现概念体系化。总之,数学概念的教学应当以学生为主体,聚焦课堂教学,体现学生的个性思考和多元建构,这样才能让概念更加精准,让学生对于概念的把握更加到位。

性质教学中培育数学抽象素养的有效路径

数学性质是数学表现和内在所具有的特征,是一种事物区别于其他事物的属性。性质教学是使学生理解数学性质,通过抽象获得对事物的本质认识,经过概括形成结论,并用数学语言进行表征,形成对数学深入的、本质性的认识。我们将"性质的形成过程"定位为性质教学的核心过程,学生通过数学定理、公式等知识的学习体验,从事例中抽象出一类事物所共有的数学特征。因此,在性质教学中应关注性质的探究,通过问题情境的解决,感受性质产生的过程;强调性质的辨析,理清性质的逻辑结构,体会性质的严谨;注重性质的运用,用数学语言和形式去表示情境、问题中的数量关系和空间形式,理解性质的内涵。

一、关注性质的探究,感受性质产生的过程

数学性质,首要表现在性质的探究过程,数学性质不是凭空产生的,是人们在现实生活中发现并抽象概括出来的。在形成数学性质的活动中,数学抽象素养表现在以下两个方面:一是用数学语言和形式去表述情境问题中的数量关系和空间形式;二是理清命题的逻辑结构,在命题的提出过程中蕴含着不同程度的抽象。性质教学时,应在了解和分析学生认知规律的基础上一步一步地剖析,形成性质过程中抽象的层次性,由易到难帮助学生进行学习。在性质教学过程中,基本上都是从特殊问题入手,接着从具体到抽象并上升到定量刻画,最后推理归纳出性质,并用数学语言准确地描述。教师在性质教学中,让学生经历观察、分析、抽象、提炼的过程,带领学生一起经历和感受性质产生的过程。

下面通过品析性质教学案例"6.5 不等式及其性质"和"11.1 平移",探索性质教学中培育数学抽象素养的有效路径。

案例1 "6.5 不等式及其性质"

【教学片段】创设情境,自主探究

复习引入:判断下列各题是否正确,并说明理由。

(1) 若 $-3x=12$,则 $x=-4$。 （　　）

(2) 若 $x-3=12$,则 $x=15$。 （　　）

(3) 若 $x-3>12$,则 $x>15$。 （　　）

(4) 若 $-3x>12$,则 $x>-4$。 （　　）

问题:上述四个判断题,你发现了什么?

设计意图:在复习引入环节,教师先用解两个方程引出了等式的基本性质,然后把这两个方程的等号变成不等号,让学生观察,并试着判断对错,从而感知不等式的性质和等式的性质的区别。

课堂表现:两名学生从不同的角度进行猜想,一名学生是从具体数字出发,另一名学生运用了类比的方法。类比第三题和第二题的结果是否一样,学生初步感知到了不等式的性质和等式的性质是有区别的。

实验:对照等式的性质,借助天平,以小组为单位一起进行研究。

实验要求:请同学们先在天平的左右两端放上一定数量的砝码,记下天平指针的偏向,然后在天平的左右两端加上或者减去相同的砝码,记下天平指针的偏向,每组同学做五组实验。

实验一:一架天平,左边放 a 克砝码,右边放 b 克砝码,天平向一侧倾斜。用不等式表示就是 $a>b$(或者 $a<b$)。

由学生自主在天平的左右两端加上或者减去相同质量的砝码。

实验现象:天平指针偏向不改变。

设计意图:让同学们运用天平像做游戏一样做实验,既提高了学生的学习兴趣,又能够发展学生的团队协作能力,而且大家一起做实验,也提供了讨论的空间和机会。对照等式的性质,学生可以很容易推出不等式的性质一。

课堂表现:学生做实验的兴趣很高,又因为小组分工很清晰,所以每名学生实验的参与度很高,结论的生成也比较容易。

案例2　"11.1 平移"

【教学片段】性质探索

探索一:如图(图 4-2-1),将△ABC 平移后可得△$A_1B_1C_1$:

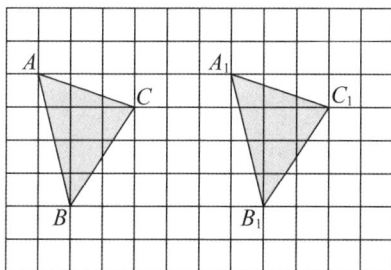

图 4-2-1

(1) 对应线段之间有怎样的数量关系? 对应角之间有怎样的关系?

(2) 图形平移后的形状和大小有怎样的关系?

(3) 联结 AA_1、BB_1、CC_1,对应点的联结线段有怎样的数量关系和位置关系?

设计意图:平移是生活中一种常见的运动,但是如何用数学语言来描述运动,如何用数学语言来表示运动前与运动后线段和角的数量关系,对学生而言还是第一次,因此本题的背景比较简单,通过一次平移即可使两个图形互相重合,这样的安排就把重点放在如何用数学语言表述数量关系上,为学生的语言表述设计了较低的起点,从而通过数学抽象形成了简单的数学命题。

性质的抽象需要环境,需要丰富的实例,教师通过复习和实验,提供了大量的数据,引导学生从具体的数据中抽象出一般的结论,体验和经历数学抽象的过程,从感性上升到理性,由特殊到一般,抽象、推理、归纳出性质,让学生在数学的活动中体验和学会"再创造"。

二、强调性质的辨析,体会性质的严谨

在基于数学抽象素养培养下的性质教学,呈现出感知辨别—寻找关系—归纳事例共性—概括到同类事物—归纳性质的过程。在这一学习过程中,由于不同的条件会有不同的结论,因此一定要强调性质的辨析,即性质应用的条件。教师在性质教学中,应帮助学生在学习过程中理解数学性质,对不同的情况进行分析,体会性质的严谨性。

下面通过品析性质教学案例"6.5 不等式及其性质",探索性质教学中培育数学抽象素养的有效路径。

案例1 "6.5 不等式及其性质"

【教学片段】性质辨析

由等式的基本性质二:等式的两边都乘同一个数(或除以同一个不为零的数),所得的结果仍是等式。

猜想:不等式两边都乘同一个数(或都除以同一个不为零的数),不等号的方向不变。

问题:上述结论是否成立?

讨论:(1) 两边同时乘零时上述结论是否仍然成立?

(2) 两边同时乘或除以同一个负数时上述结论是否仍然成立?

发现:(1) 不等式两边同乘零,不等式变成了等式。

(2) 不等式的两边同时乘负数时,不等号的方向发生了改变。

教师引导学生归纳出不等式的性质二和性质三。

设计意图:不等式是否有类似等式二的性质,如果是通过教师讲授的方式给出,学生也是可以接受的,但是效果肯定不理想,因为学生一定会想为什么老师会得到这样的结论。因此,此处设计为通过讨论得到不等式的性质二和性质三的方式。另外,由一两位学生归纳出来的结论很难完善,又因为这两条不等式的性质与等式的性质二有一定的区别,所以设计通过多位学生的交流,逐步地总结

出不等式与等式的性质的区别,最后归纳出不等式的性质二和性质三。

课堂表现:在每一个学生交流之后,其他同学或因为想法一致而拍手称快,或认为自己有不一样的想法而跃跃欲试。在讨论交流环节,极大地刺激了学生的发现欲和表达欲,活跃了课堂气氛,更重要的是加深了学生对不等式的性质二和性质三的辨析,体会到数学的严谨性。

【教学片段】性质探索

探索二:如图(图 4 - 2 - 2),将△ABC 平移后可得△DEF:

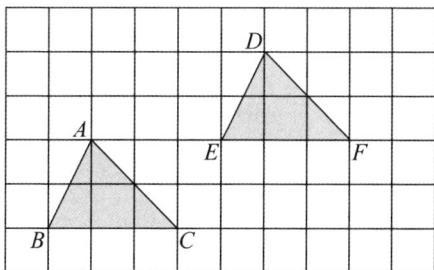

图 4 - 2 - 2

(1) 联结 AD、BE、CF,每一对对应点的联结线段的数量关系和位置关系是否和探索一的结论一样?

(2) 画出边 AC 的中点 G 平移后在图形上的对应点 H,说说你是怎样画的。

(3) 在△ABC 内任取一点 M,画出图形平移后的对应点 N。

(4) 如果直接将△ABC 平移到△DEF,画出平移的方向,并量出平移的距离(精确到 0.1 单位长度)。

(5) 联结 GH、MN,那么 GH 和 MN 有怎样的数量关系和位置关系?试着直接说出线段 GH 和 MN 的长度。

(6) 教室窗户平移的过程中,每一对对应点联结线段的数量关系和位置关系与探索一的结论是否一样?

设计意图:在问题一探究的基础上学生已经获得了两个重要的性质,即图形平移后,图形的大小、形状都不变;图形平移后,对应线段的长度相等,对应角的大小相等。初步感知图形平移后,每一对对应点的联结线段互相平行并且相等,其长度等于平移的距离。那么探索一所获得的性质是否适用于特殊情况,又是否适用于经过两次平移后能够完全重合的两个图形呢？是否能够应用探索一获得的性质确定图形中其他点平移后的位置呢？需要经过两次平移才能完成重合的两个图形是否还有其他描述平移的方式呢？探索一是探索二的基础，探索二是探索一的发展。对于处于实验几何阶段，且几何研究经验尚不丰富的学生而言，问题情境的设计要有坡度，通过富有层次性的问题设计引发学生的深度思考，从而得到图形平移后，每一对对应点的联结线段互相平行（或在同一条直线上），并且相等，其长度等于平移的距离这一重要性质，在探索阶段用数学符号语言表述探索的结果，然后尝试用文字语言表述平移性质。

课堂表现：在探索一的基础上进行探索二的研究，学生体会到性质依然适用，在画出边 AC 的中点 G 平移后在图形上的对应点 H，说说你是怎样画的过程中，出现了不同的方案。一部分学生根据图形平移后图形的大小、形状都不变这一性质，直接画出对应线段 DF 的中点 H，也有一部分学生根据每一对对应点的联结线段互相平行这一性质，过点 G 画 AD 的平行线交 DF 于点 H。同时，在描述画图依据时初步尝试用规范的数学语言进行描述。此环节学生积极参与讨论。对于教室窗户平移的过程中，每一对对应点联结线段的数量关系和位置关系是否和探索一的结论一样这一问题，学生有困惑，此时教师再引导学生通过小方格背景画出平移后每一对对应点联结线段的数量关系和位置关系，在从特殊到一般，再从一般到特殊的研究过程中感受数学性质的严谨性。

三、注重性质的运用，理解性质的内涵

数学性质最重要的是表现在运用，因为只有学生能够灵活运用这些性质，才能体现出学生对性质的辨析已经非常清晰，对性质的内涵已经了然于心。教师在性质教学中应加强学生对于性质的运用，加强对性质内涵的理解。

下面通过品析性质教学案例"6.5 不等式及其性质"和"11.1 平移"，探索性质教学中培育数学抽象素养的有效路径。

案例 1　"6.5 不等式及其性质"

【教学片段】性质运用

本课分为两个层次,第一个层次是基本性质的运用,也即简单运用;第二个层次是有字母参与其中,需要学生灵活运用性质才能判断对错。

例 1:设 $a>b$,用"$<$"或"$>$"号填空,并说明理由。

(1) $a-3$ _____ $b-3$,根据不等式的基本性质 _____;

(2) $\dfrac{a}{2}$ _____ $\dfrac{b}{2}$,根据不等式的基本性质 _____;

(3) $-4a$ _____ $-4b$,根据不等式的基本性质 _____;

(4) $0 \cdot a$ _____ $0 \cdot b$

例 2:判断以下各题的结论是否正确,并说明理由:

(1) 若 $b-3a>0$,则 $b<3a$　　　　　　　　　　　　　(　　)

(2) 如果 $a>b$,那么 $2a>2b$　　　　　　　　　　　　(　　)

(3) 如果 $-4x>20$,那么 $x>-5$　　　　　　　　　　(　　)

(4) 如果 $a<b$,那么 $ac<bc$　　　　　　　　　　　　(　　)

(5) 若 $a>b$,则 $ac^2>bc^2$　　　　　　　　　　　　　(　　)

(6) 若 $ac^2>bc^2$,则 $a>b$　　　　　　　　　　　　　(　　)

设计意图:例 1 是基础题,每个题目都要求学生说出理由,目的是让学生加深对不等式性质的掌握,明确运用的条件。例 2 是判断题,这里的 6 个小题都需要学生仔细读题并进行辨别,特别是(5)和(6),进一步巩固了学生对于不等式性质的理解,从而提升学生的抽象思维能力。

课堂表现:例 1 很快就由学生逐个讲解好了,关于例 2 则出现了分歧,主要是(4)(5)和(6)三小题,其中第(5)题的错误率最高,学生都以为 c^2 是正数。

案例2　"11.1 平移"

【教学片段】性质应用

1.下列汽车商标图案中,可以由一个"基本图案"通过连续平移得到的是
(　　)。

(A) 　　　　　　(B)

(C) 　　　　　　(D)

2.如图(图4-2-3),在10×6的网格中,每个小方格的边长都是1个单位,将△ABC平移到△DEF的位置,下面正确的平移步骤是(　　)。

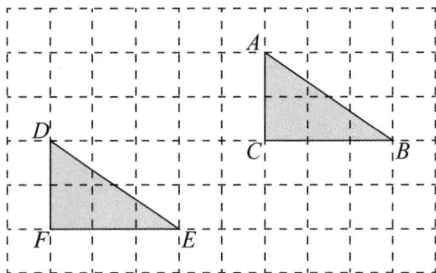

图4-2-3

(A) 先把△ABC向左平移5个单位,再向下平移2个单位

(B) 先把△ABC向右平移5个单位,再向下平移2个单位

(C) 先把△ABC向左平移5个单位,再向上平移2个单位

(D) 先把△ABC向右平移5个单位,再向上平移2个单位

3.如图(4-2-4),△ABC平移后得到△DEF,请用线段、角填空:

(1) $AB=$＿＿＿＿＿,$BC=$＿＿＿＿＿,$AC=$＿＿＿＿＿;

(2) $\angle BAC=$＿＿＿＿＿＿,$\angle ABC=$＿＿＿＿＿,
$\angle ACB=$＿＿＿＿＿;

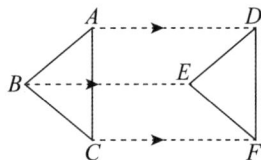

图4-2-4

（3）$AD = $＿＿＿＿＿＝＿＿＿＿＿。

4. 将∠ABC向上平移 20 厘米后得到∠DEF，如果∠$ABC = 52°$，那么
∠$DEF = $＿＿＿＿＿度。

5. 将长度为 5 厘米的线段向上平移 10 厘米，那么平移的距离是＿＿＿＿＿厘
米，平移后线段的长度为＿＿＿＿＿厘米。

6. 如图（4－2－5），若将△ABC沿着BA方向平移 3
厘米可得△DEF，则$AD = $＿＿＿＿＿厘米。

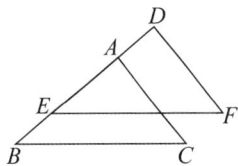

设计意图：平移是学生进入初中学习后首次用数学的
语言表述平移的方式并获得平移的性质，与小学阶段的学
习相比描述更规范，表述更准确，因此练习题 1—3 是让学

图 4－2－5

生能够正确地表述平移的过程，练习题 4—6 是初步应用性质解决问题，第 7 题
则是在应用性质的同时还需要运用线段的和差。因此，在数学性质的应用的过
程中，获得问题解决的能力，从而实现自身的价值。

【教学片段】性质应用

在图（4－2－6）中画出三角形 ABC向右平移 4 格，向下平移 3 格后的图形。

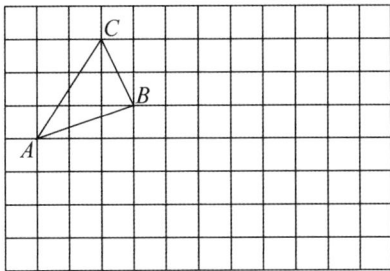

图 4－2－6

设计意图：本题是让学生应用平移的性质画出符合条件的平移后的图形，与
前一组练习相比，需要学生基于平移的性质，体会具体—抽象—具体的过程，即
画出符合题意的图形只需要确定平移后对应顶点的位置就能确定平移后的图
形，在描述画图步骤的过程中进一步提升学生数学抽象概括的能力，培养数学抽
象，提升数学抽象水平。

通过例题和练习，进一步明晰性质，掌握性质，在理解和应用性质的过程中

举一反三,推广运用性质到具体问题中,发展学生的数学抽象素养。

四、性质教学中培育数学抽象素养的有效路径及教学实例

数学性质是数学表观和内在所具有的特征,是一种事物区别于其他事物的属性。数学性质作为数学教学中的重要内容,对数学抽象素养的培养具有重要的意义。数学抽象与数学性质的获得紧密相连。性质的形成一般从一些具体情境素材出发,抽象概括出一类事物的共同属性,数学抽象贯穿在性质形成过程中。"源于生活、易于理解"是对日常生活中的一些规律的最为简朴的抽象,性质教学从学生的学习经验和学习心理出发,经历操作,感知识别,进而进行内化、抽象、概括,通过数学语言和符号表达的过程获得性质。从操作到抽象出共同属性,用自然语言进行描述,从感性具体上升到理性具体即为第一次抽象,这有利于新知识的发现。概括形成性质要用符号表达为第二次抽象。在形成数学性质的活动中,一是用数学语言和形式去表述情境问题中的数量关系和空间形式,二是理清命题的逻辑结构。在性质的提出过程中蕴含着不同程度的抽象,性质教学时,应在了解和分析学生认知规律的基础上,一步一步地剖析,形成命题过程中抽象的层次性,由易到难地帮助学生进行学习。在性质教学中培养数学抽象素养的一般路径,关注性质的探究,通过问题情境的解决,感受性质产生的过程;强调性质的辨析,理清性质的逻辑结构,体会性质的严谨;注重性质的运用,用数学语言和形式去表示情境、问题中的数量关系和空间形式,理解性质的内涵。

数学性质不是凭空出现的,有一定的现实背景。数学知识与现实生活之间存在着某种联系,在教学中创设符合数学知识发生发展规律,以及学生认知规律智力水平的教学情境,是培养学生数学抽象素养的切入点。数学的模型、命题和方法等都是数学抽象的产物,数学方法的形成模型和命题的提出是收集抽象素养的主要表现形式。数学抽象素养的培养与养成,需要学生去经历形成概念、建立模型、总结方法等数学活动的过程。在教学中应从多角度、多层次、多方面去设置合理的数学活动,提高教学质量,让学生积极主动地参与数学活动,经历数学问题解决的过程,感悟数学思想,总结概括解决这类数学问题的方法,培养数学抽象素养。在教学中教师应设计自主探究的活动,让学生自己动手操作,提升基本技能和解决问题的能力。

问题教学中培育数学抽象素养的有效路径

    问题是课堂教学的中心,教学离不开问题的设计。问题链是教师为了实现一定的教学目标,根据学生的已有知识和经验,针对学习过程中将要产生或可能产生的困难,将教材知识转化为层次鲜明具有系统性的一连串教学问题。在聚焦课堂教学实践环节中,我们将以不同类型的问题链作为问题教学的纽带呈现,有效地引领学生沿着问题情境去思考和探究。因此,在问题教学中应通过引入性的问题链,唤起学生强烈的求知欲,抽象出数学问题背景。通过差异性问题链,与学生学习的前概念发生认知冲突,抽象出问题的本质。通过诊断性问题链,诱使学生充分暴露错误和薄弱环节,再"对症下药",抽象出解决数学问题的基本路径,提高思维品质。通过探究性问题链,培养学生自主独立发现问题,探索问题的创新精神,在此过程中抽象出数学模型。

一、通过引入性的问题链,抽象出数学问题背景

    数学问题是思维的源泉,更是思维的动力。在教师引入新课课题时,通常会设置一些数学情境引导学生思考。这时,需要设置一连串的引入性问题链,起到承上启下的作用,贴近学生的最近发展区,同时还要引起学生的求知欲望。下面通过品析问题教学案例"探究特殊四边形中的线段相等问题"和"圆的面积(1)",探索问题教学中通过引入性问题链抽象数学问题背景的有效路径。

案例1 探究特殊四边形中的线段相等问题

【教学片段】创设情境

引入：请大家回忆一下数学课本上的一道例题：

已知菱形 $ABCD$，$\angle B = 60°$，点 E、F 分别在边 BC、CD 上，且 $\angle EAF = 60°$。求证：$AE = AF$。

问题：用什么方法证明 $AE = AF$？

设计意图：课本是学生知识经验的来源。菱形中最基本的添辅助线方法就是连对角线，通过菱形的性质构造全等，因此这题难度不高，作为复习引入比较合适。引导学生探究其他证明线段相等的方法，或者另外的构造全等形的方式，从而对之后的变式探究内容具有启示的作用。用学生熟悉的课本中的例题引入，结合带有 60 度角的菱形独有性质，通过构造全等三角形证明两条线段相等。通过特殊四边形的特殊角度引入，自然地引入了课题——证明线段相等，也为后续特殊条件一般化的论证方法给出了常规的证明策略。

案例2 圆的面积（1）

【教学片段】创设情境

在前几节课的学习中，我们知道了圆是最美丽的平面图形。现在我们举行一个"小巧手"比赛，每小组都备有纸和剪刀，想办法剪一个圆，比一比谁剪的最漂亮。

（小组活动后交流）

设计意图：圆的面积公式推导与以前学过的平面图形的面积公式推导有质的区别，学生在已有的学习经验基础上建构这一知识是有难度的，如何建立圆这个曲边图形和直线图形之间的转化是教学的突破口。本环节中借助"剪纸"这一学生喜闻乐见的活动，在剪圆的过程中思考"如何剪得更圆""为什么我剪出的圆像花瓣""为什么要直着剪"，学生带着问题尝试和探索。

引入性问题链是以引入课题,使课内课题间平滑转接,为后续教学埋下伏笔,使学生产生强烈的求知欲为主要目的而设计的。要让学生体验到概念的原理和规律的提出过程,就必须让他们回到原有的认知结构的图式中去,熟悉与新课相关的旧知识,掌握它的内涵和外延,构建"临近发展区",并引导学生用类比、演绎、归纳等方法揭示新旧知识的联系,同时抽象出数学问题的背景。

二、通过差异性问题链,抽象出数学问题本质

数学问题教学课堂中,提问是非常重要的环节,是师生交流互动的主要形式,也是培养与提升学生的数学抽象素养的一个重要环节。通过差异性问题链所产生的认知矛盾,激发学生探索产生差异的原因,从而抽象出数学问题的本质。下面通过品析问题教学案例"探究特殊四边形中的线段相等问题"和"圆的面积(1)",探索问题教学中通过差异性问题链抽象出数学问题本质的有效路径。

案例1　探究特殊四边形中的线段相等问题

【教学片段】探究思考

问题:把例题中 60 度角的条件去掉,题目变为:已知四边形 $ABCD$ 是一个菱形,E、F 分别是边 BC 和边 CD 上的动点,且始终保持 $\angle EAF = \angle B$,请问:AE 和 AF 还相等吗?

设计意图:通过弱化特殊角的条件,继续让学生探究线段之间的等量关系。一般化后的重点在于必须通过一系列问题串引导学生观察图中变化的条件和不变的条件,以及特殊四边形的特殊性对于解题的作用。难点在如何利用条件构造新的全等三角形。

【教学片段】差异性问题链

问题1:是否能沿用例题的方法证明 $AE = AF$?

问题2:不能沿用原来方法的原因是什么?

设计意图:探究条件弱化后原来方法失效的原因,以及解决此问题的方法,运用分析法和综合法寻找论证思路,体验"从特殊到一般"的研究问题的方法,获

得探究数学问题的经验和体验,提高合情推理能力。这个问题的设置是本节课的核心,即一般化后论证过程是否与原来相同,抽象出问题的本质——证明线段相等的条件。当证明条件发生改变后,激发学生寻求新的方法解决问题。

案例2 圆的面积(1)

【教学片段】圆的分割

问题1:如果把一个圆四等分,可以拼成什么图形? 如何计算圆的面积?

问题2:如果把一个圆八等分,可以拼成什么图形? 又如何计算圆的面积呢?

问题3:如果我们继续把圆分成十六等分,或者更多的份数,拼出的图形和之前有差异吗? 圆的面积的计算结果会不同吗?

设计意图:通过三个具有差异的问题链,引导出较优的分割方案,引导学生领悟其中的数学思想。联想到刘徽的"割圆术",思维步步逼近,逐步达成共识:对折的次数越多,剪得越直,越接近圆。此时,在学生的头脑中圆已经化身为一个正多边形。圆与直线型图形之间的转化、极限的思想是在学生看得见,摸得着的学习过程中感悟出来的,分散了教学难点,面积公式的推导也就顺理成章了。

三、 通过诊断性问题链,提高思维品质

课堂教学的主体应围绕教学内容中的重点、难点、疑点和易错处,设置诊断性的问题链,根据学生的反馈进行教学会诊,使学生在出错、指错中得到锻炼,获得真知和技能,提高思维品质。下面通过品析问题教学案例"探究特殊四边形中的线段相等问题"和"圆的面积(1)",探索问题教学中通过诊断性问题链提高思维品质的有效路径。

案例1 探究特殊四边形中的线段相等问题

【教学片段】问题引导

问题1:你能说出证明两条线段相等的几种方法吗?

问题 2：菱形有哪些特殊的性质？

问题 3：已知条件中的 $\angle EAF = \angle B$ 有何作用？

问题 4：如何利用菱形的性质添加合适的辅助线，构造包含 AE 和 AF 的两个全等三角形？

设计意图：通过这组问题链，首先引导学生思考通往目标的正确途径。明确了要构造全等三角形后，就是希望通过问题 2 和问题 3 找到构造的突破口。当联结对角线时，可以诊断出学生其实还没有认清条件一般化后的问题本质，这里需要教师引导学生关注菱形的对称性去翻折，或者利用菱形的等高特点去构造。

课堂表现：学生对于菱形的性质比较熟悉，能说出四边相等，对角线互相垂直且平分一组对角，但是对于问题 3 中这对等角的作用不明确，所以大部分学生构造辅助线的时候还是会联结对角线。

案例 2　圆的面积（1）

【教学片段】图形转化

小组活动：当把圆分割成不同块数的小扇形后，你能否把它们拼成熟悉的图形？请同学们试一试。

小组讨论：请大家比较一下，和同伴分享交流自己的方法。

设计意图：这个环节需要学生解决两个问题：一是到底把圆平均分割成几块？二是如何把这些块数拼成之前已经学过的几何图形？设置这个环节的目的是希望通过发现学生分出的不同块数和拼出的不同几何图形的进行分析诊断，由此得出分割的原则和较优的方法，使学生在探索圆面积公式的过程中初步感受到"转化"的数学思想。

课堂表现：大部分学生能拼成比较熟悉的平行四边形、长方形或者是梯形。但是在表示面积公式的时候并不顺利，难点就在于理解圆的半径就是三角形的高。在推导过程中，学生最大限度地投入到观察、思考、操作、探究活动中，亲历"做数学"的过程，体验到成功的喜悦。

事实上，允许学生犯错也是对其求异思维的保护和创新思维的培养。通过对失败原因的探讨及错误思维过程的反思,可提高学生的思维自我监控能力。诊断性问题链围绕教学内容的重点、难点、疑点和易错处,精心设计一些具有针对性的问题链,诱使学生充分暴露错误和薄弱环节,进行教学会诊,在出错、指错、纠错中获得知识技能。

四、通过探究性问题链,建立数学模型

在探究式的教学过程中,把具有内在联系的问题链接起来形成探究式的问题链能加强知识点间的内在联系,促进学科内部知识的综合,并在学生深入探究交流的过程中,能激发学生自主进行思考,抽象出数学模型。下面通过品析问题教学案例"探究特殊四边形中的线段相等问题"和"圆的面积(1)",探索问题教学中培育数学抽象素养的有效路径。

案例1 探究特殊四边形中的线段相等问题

【教学片段】思维拓展,建立模型

问题:此题构造全等的方法中,能否利用菱形的对称性,保留其中的某一个三角形,构造另一个与之全等的三角形?

设计意图:经过一系列的分析,学生意识到在图4-3-1、图4-3-2、图4-3-3中始终有一个对角互补的四边形 $EAFC$,而且这个四边形的一条对角线 AC 平分了其中一个角,这些条件都没有改变,而结论正是证明这个四边形的一组邻边相等,可以通过以上的一些构造全等的方法解决这个基本模型的证明。与一般的问题链相比,探究性问题链具有更强的问题性、实践性、参与性和开放性。

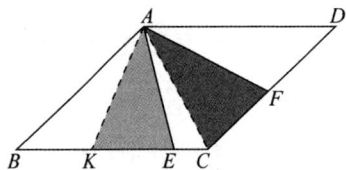

图4-3-1

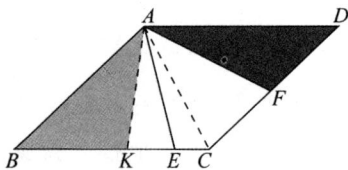

图4-3-2

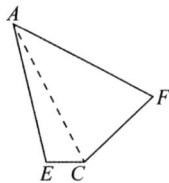

图4-3-3

【教学片段】改变背景，深化认识

问题：等腰梯形 $ABCD$ 中，$AD//BC$，$AB=CD$，M 是边 BC 的中点，E、F 分别为边 AB、CD 上的两个动点，且 $\angle EMF=\angle A$。若 $\angle B=60°$，求证：$ME=MF$。

设计意图：基于上题的经验，改换为等腰梯形背景，设置了特殊角度和等角的条件，即把课本上的例题背景改换，其他条件模式不变，仍然证明线段相等问题。但这题的难度要高于菱形背景，因为在图 4-3-4、图 4-3-5、图 4-3-6 中相等线段组成的图形由四边形变为了五边形，考验学生能否结合等腰梯形下底中点的条件进行全等三角形的构造。此题的设计也期待学生通过延长两腰后变为等边三角形，继而相等线段围成的又是一个四边形的模型。

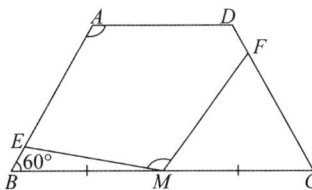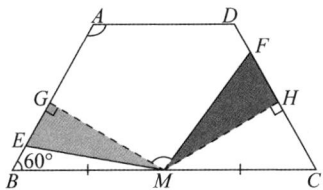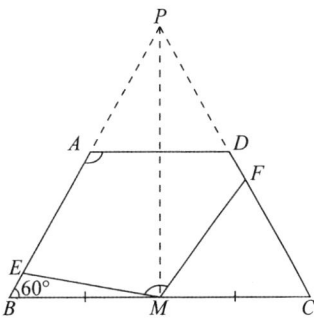

图 4-3-4　　　　　　　图 4-3-5　　　　　　　图 4-3-6

案例 2　圆的面积（1）

【教学片段】公式推导

通过大家刚才拼成的特殊图形，能否用圆的半径 r 表示出图形的面积？

小组 1：我们把圆对折三次平均分成 8 个小三角形，三角形的底是圆周长的 $\dfrac{1}{8}$，三角形的高也就是圆的半径 r，推出圆的面积公式：$\dfrac{1}{8}\times 2\pi r\div 2\times 8r=\pi r^2$。

小组 2：折的次数越多，分的份数就越多，我们可以这样想象分成了 x 个小三角形，就可以推出圆的面积公式：$\dfrac{1}{x}\times 2\pi r\times r\div 2\times x=\pi r^2$。

小组 3:我们小组想到了三角形的面积公式推导过程,把圆剪成 8 个小三角形一正一倒地反插在一起,拼成了一个近似平行四边形。拼成的平行四边形的面积和原来的圆的面积是相等的,平行四边形的底等于圆周长的一半,平行四边形的高等于圆的半径,平行四边形的面积等于底乘高,圆面积公式等于 $\frac{1}{2} \times 2\pi r \times r = \pi r^2$。

小组 4:如果分的份数越多,比如 16 份、32 份,拼成的图形越接近于长方形,根据长方形的长、宽与圆的关系,也能得出圆的面积公式: $\frac{1}{2} \times 2\pi r \times r = \pi r^2$。

设计意图:圆的面积是学生在认识了一些平面图形的特征及它们的周长和面积的计算的基础上进行学习的。教学中注意培养学生的实际操作能力,通过观察、剪拼等活动,获得有关图形特征的深刻印象。通过联系和比较,弄清图形间的联系,有效发展学生的想象力,有利于培养学生归纳、转化等方面的能力,有助于学生树立几何动态观点。

探究性问题链是教师为学生自主、独立地发现问题,培养学生的探索精神和创新能力而设计的,富有思考性。新奇的问题链能激励学生积极思索、大胆设想,达到锻炼思维、发展智力,促进学生不断构建自身知识结构的目的,也是培养学生抽象思维的有效途径。

"问题链"是数学教学的一个重要手段,"问题链"的引导性、差异性、诊断性、探究性对培养学生的抽象素养、逻辑思维具有十分重要的作用。设计问题链时要注意梯度的设置,把握好课堂的重难点,促使学生积极独立地思考。问题间要注意转换,设置时需要有逻辑联系,问题的本身要有系统性,按学生的认知规律设计出一系列连续的、环环紧扣的问题。在问题链的设计过程中,可以结合学生的探究需求、认知基础,借助某些数学实验或者借助习题的变式来设计,让学生充分经历"观察—猜想—论证"的过程,由感性认识过渡到形象化思维,再提升到抽象思维。教学中将数学知识转化为层次鲜明,具有系统性的教学问题,引导学生的思维由浅入深向前发展,从而达到提升学生数学抽象思维的目的。

复习教学中培育数学抽象素养的有效路径

复习是教学的查漏补缺,在聚焦课堂教学实践环节中,我们将"知识梳理和方法回顾"作为复习教学的核心内容,关注知识的回顾过程,感悟知识的本质。因此,在复习教学中应构建知识的体系,通过知识间的内外架构,促进理解知识之间的关联,实现抽象知识体系化。提炼数学的方法,通过思考问题的本质,体会数学抽象的严谨,实现抽象方法具体化。优化数学的思想,通过知识体系的逻辑结构,感受抽象概括的过程,实现抽象思想形象化。

一、抽象知识联系,构建知识体系

知识体系是无数个关联的标准知识的集合,也是知识点的定义、构成、条件、功能等知识组合。初中数学的知识呈螺旋上升,知识体系较为严谨。教师在复习教学中要关注学生对知识之间抽象关系的梳理过程,通过表格或者思维导图等形式将其形象化,形成完整的体系。下面通过品析复习教学案例"分式的复习"和"统计初步的复习",探索如何抽象知识间的联系,构建知识体系。

案例1 "分式的复习"

【教学片段】知识归纳

问题:请归纳分式知识结构。

教师结合学生的结果呈现完整的知识体系。(图 4 - 4 - 1)

设计意图:对分式的知识点进行复习之后,归纳出分式知识结构框架,这不仅使分式所有知识点都一一得以呈现,也可以直观地感受知识点之间的联系,更

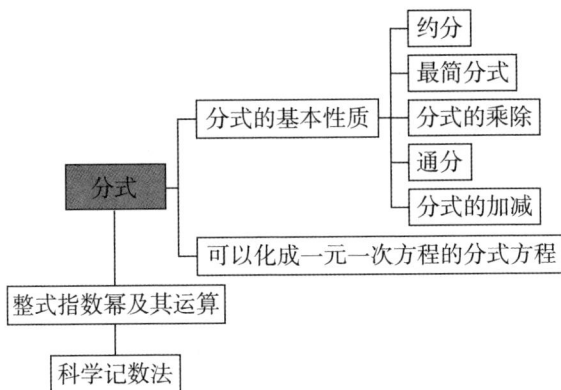

图 4-4-1

好地体会知识点之间的逻辑结构，便于对知识点的理解和掌握。

课堂表现：学生在归纳分式知识结构时，出现逻辑结构不清晰的情况。分式的化简运算，无论是加减还是乘除运算，均应建立在分式的基本性质的基础上。

案例2 "统计初步的复习"

【教学片段】知识归纳

问题：请归纳数据收集、数据处理的方法。

教师结合学生的结果呈现完整的知识体系。（图 4-4-2）

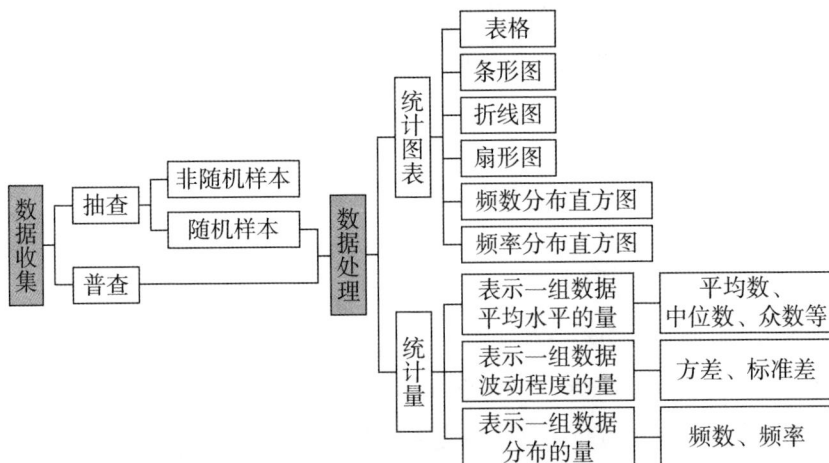

图 4-4-2

　　设计意图：由于统计的相关知识比较琐碎，因此可通过对知识的理解和复习，将所有知识根据相互关系进行归纳，形成一个体系，并利用具体表格的呈现，将抽象知识形象化，为学生提供抽象归纳的典型实例。

　　课堂表现：学生在归纳数据收集时，忽略了抽查的进一步分类；在归纳数据处理时，漏掉了频数分布直方图和频率分布直方图。

　　知识之间的抽象联系需要借助具体的形式形象化，通过学生自主归纳，可以简单建立知识之间的联系，利用小组交流引导学生丰富自己的理解，完善知识的体系，复习教学中"归纳"是关键，即从所学的知识中找到相互之间的关系并进行概括，为数学抽象素养提供升华的载体。

二、抽象问题本质，提炼数学方法

　　数学方法是用数学语言表述事物的状态、关系和过程，并加以推导、演算和分析，以形成对问题的解释、判断和语言的方法。教师在复习教学中，要关注学生对数学题目的思考过程和方式方法，通过类似题目的对比总结，提炼所使用的数学方法。下面通过品析复习教学案例"分式的复习"和"统计初步的复习"，探索如何抽象问题本质，提炼数学方法。

案例1　"分式的复习"

【教学片段】例题讲解

　　例题1：计算：(1) $\dfrac{1}{3}+\dfrac{3}{2}$；　(2) $\dfrac{1}{a+3}+\dfrac{6}{a^2-9}$。

　　例题2：化简：$\left(2+\dfrac{1}{a-1}-\dfrac{a-1}{a^2-1}\right)\div\left(\dfrac{a}{1-a^2}-a\right)$。

　　设计意图：分式运算的法则可以由分数运算的法则类比得到，学生再次经历类比的过程，抽离分式运算的本质，体会分式与分数之间的联系，将抽象的问题本质具体化，提炼出合适的数学方法。

　　课堂表现：学生在做例题2的通分时，出现变号错误。

案例 2 "统计初步的复习"

【教学片段】例题讲解

例题:据报载,在"百万家庭低碳行,垃圾分类要先行"活动中,某地区对随机抽取的 1000 名公民的年龄段分布情况和对垃圾分类所持态度进行调查,并将调查结果分别绘成条形图(图 4-4-3)和扇形图(图 4-4-4)。

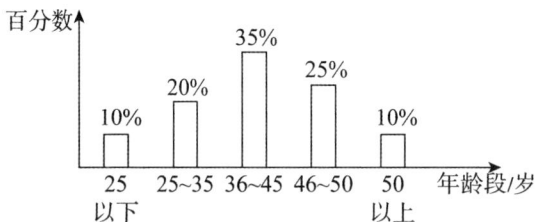
图 4-4-3

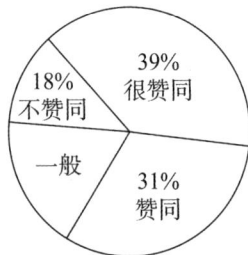
图 4-4-4

(1) 图 4-4-4 调查结果为"一般"的公民占本次调查人数的百分数是 ＿＿＿＿＿＿;

(2) 这次随机调查中,公民年龄的中位数所在年龄段是 ＿＿＿＿＿＿(填写年龄段);

(3) 这次随机调查中,年龄段是"25 岁以下"的公民中"不赞同"的有 5 名,占"25 岁以下"人数的百分数是 ＿＿＿＿＿＿;

(4) 如果把所持态度为"很赞同"和"赞同"统称为"支持",那么这次被调查公民中"支持"的人有 ＿＿＿＿＿＿名。

设计意图:这道题考查学生对于统计学中的相关图表的认识,如条形图和扇形统计图等,能根据图表内容提取所需要的信息。学生通过这道题,对统计学习中的统计图表等相关方法理解得更深,运用得更加熟练。

数学方法的提炼过程对学生的要求较高,这也是激发学生兴趣的抽象思维内动力的契机。学生在研究问题的过程中,通过不断尝试,不断思考所涉及的数学知识,寻找问题的本质,从中提炼所使用的数学方法,解决相关问题,这样的驱动使得数学方法可以自然而然地得以提炼。

三、抽象逻辑结构，优化数学思想

数学思想是指现实世界的空间形式和数量关系反映到人们的意识之中，经过思维活动而产生的结果，是对数学事实与理论经过概括后产生的本质认识。通过数学思想的培养，数学的能力才会有大幅度的提高。教师在复习教学中要关注学生逻辑思维的形成过程，体会数学思想。下面通过品析复习教学案例"分式的复习"和"统计初步的复习"，探索如何抽象逻辑结构，优化数学思想。

案例 1　"分式的复习"

【教学片段】例题讲解

例题：甲乙两地间的铁路运行路程为 1400 千米，列车将原来运行的平均速度提高 $\frac{1}{3}$ 后，运行的时间减少 $\frac{5}{3}$ 小时，求列车原来运行的平均速度。

设计意图：本题是应用题中的行程问题，首先是将生活中的实际问题抽象为数学中的等量关系，运用类比的数学思想方法，依照列整式方程解应用题的思路列出分式方程，而在解分式方程的过程中，则需要将分式方程整式化，即化归的数学思想方法。通过列方程、解方程的过程，不仅帮助学生巩固了知识点，也帮助学生感悟了其中所体现的数学思想方法。

案例 2　"统计初步的复习"

【教学片段】例题讲解

例题：八年级(1)班的 10 名男生、10 名女生的身高数据如下(单位:cm)：

男生身高：167,177,168,162,155,169,162,168,177,180；

女生身高：165,165,162,162,160,150,155,157,154,162。

(1) 求这个班男生的平均身高；

（2）求这个班女生身高的中位数；

（3）求这个班男女生身高的众数；

（4）请判断选取的男生组和女生组的身高哪个更稳定，并说明理由；

（5）若整个年级的女生有 500 人，那么这个年级的女生的平均身高是多少呢？

（6）请绘制选取的 10 名男生的身高的频率分布直方图。

设计意图：这道例题包含了统计初步中比较重要的几个统计量的计算，也包括了统计中用样本估计整体的统计思想方法。通过这道题，学生对基本统计量更加熟悉，对统计思想也有更深一步的体会。

数学思想的培育是数学教学中的一个难点，学生通过数学思想的培养，数学能力有更好的提高，对数学的理解更深。例如，以上两个课例中的类比思想、化归思想、建模思想、统计思想等，这些数学思想在学生初学时有一定的体会，但经过复习课的深化，学生的体会更深，对抽象的数学思想有更好的感悟。

数学复习课是数学教学中的主要课型之一，在基于数学抽象这一核心素养的研究背景下，开展以复习课为课型的初中数学有效教学具有重大的现实意义。复习课的主要目的是为了巩固与加强学生对知识的掌握，它承载着学生构建完整的知识体系、提炼数学方法、优化数学思想、提升学生思维品质的任务，以适应中考对数学学科核心素养的要求。教师在复习课中，让学生成为学习的主人，促使他们主动积极地探索，使得不同层次的学生在教学活动中实现创新、突破，展示自己的才华智慧，提高对数学的学习兴趣，更新对数学知识的认识，提升自己的数学素养。通过开设复习课，夯实学生的基础知识，类比整合相似知识点，加强学生对知识的进一步理解，内化知识间的抽象联系，培养学生的发散思维，掌握抽象的数学方法，感受知识间的逻辑结构，提高学生的数学抽象素养。

探究教学中培育数学抽象素养的有效路径

数学探究即指在数学学科领域内或生活情境中选取某个问题作为突破点,通过观察与实验、计算与推理、猜想与论证、表述与交流、解决与评价等数学探究活动,主动地获取数学知识、发展数学能力、培养科学态度和增强研究数学体验的学习过程。在探究教学中,以探究问题为载体,我们将"体现探究的思维过程"定位为探究教学的核心理念,关注探究情境的设置,创设思维互动的平台,通过质疑发现问题,通过分析解决问题,通过表达交流问题。因此,在探究教学中,应注重情境的合理创设,激发探究的意识,充分体会问题发现中的数学抽象;注重数学模型的构建,挖掘问题的本质,充分体会问题分析中的数学抽象;关注学生的综合体验,促进思维的碰撞,充分体会表达交流中的数学抽象。

一、合理创设情境,在问题发现中孕育数学抽象

数学问题是探究学习的纽带,是探究学习的生命线,而数学问题源于对情境中蕴含的数量关系、空间结构与逻辑推理的现象分析与深层思考,精心创设的问题情境能让学生体会数学问题提出的抽象过程,甚至能生发出更多的数学问题,在数学问题的发现和提炼中孕育学生的数学抽象素养。下面通过品析探究教学案例"从'赵爽弦图'到'数学风车'",探索探究教学中培育数学抽象素养的有效路径。

案例1 "从'赵爽弦图'到'数学风车'"

【教学片段】创设情境

1. 回顾"赵爽弦图"(图 4-5-1)

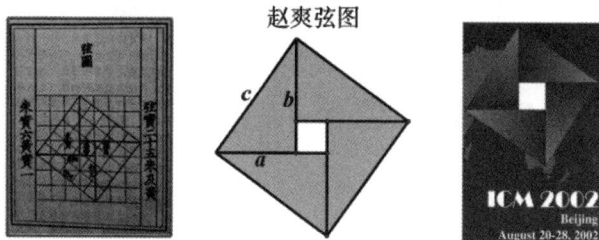

图 4 - 5 - 1

2. 变化"赵爽弦图"

从赵爽弦图原型出发,将四个全等直角三角形沿着正方形的边,从较大锐角顶点向较小锐角顶点平移,平移的距离相等。随着平移距离的变化,请观察图形的变化。

设计意图:教师设计该探究情境的灵感来源于本节课的最后一个问题:

如图 4 - 5 - 2,在边长为 $a(a>2)$ 的正方形 $ABCD$ 各边上分别截取 $AE=BF=CG=DH=1$,且 $\angle AHM=\angle BEN=\angle CFP=\angle DGQ=45°$,求四边形 $MNPQ$ 的面积。

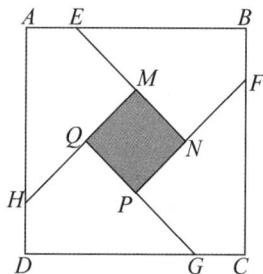

图 4 - 5 - 2

该问题的解决可以通过特殊的"赵爽弦图"进行图形变化而得面积关系,体现出入相补原理,故而教师以这个问题为灵感展开探究教学设计,但最终的情境设计并不是直接以此问题作为背景,而是从学生熟悉的"赵爽弦图"出发,创设图形平移的情境,引发学生展开深层思考,展开探究路径,自然引导学生从情境中抽象出数学问题,经历情境的层层铺设,从图形探究到面积探究,再到出入相补探究,完成情境的创设。

案例 2 "图形变换中的小路宽度问题"

【教学片段】创设情境

我校准备在长方形绿地上修筑若干宽度相等小路(阴影部分是小路),三种设计图案如图 4-5-3,各个方案中的路宽全部相同,请问:三种设计方案中绿地面积是否相同?

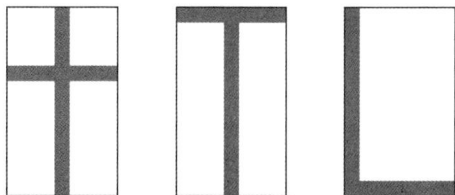

图 4-5-3

问题:情境选择的是较为简单的长方形背景,问题设置:三种设计方案中绿地面积是否相同?

设计意图:这个情境涉及的知识点其实很简单,学生并无知识储备不足问题,而且人人可以参与,还有一个隐藏的关系是小路面积和草地面积之和是不变的。通过这个情境,让学生觉得自己能参与,可以思考,结论也不难,从而形成自信,有了进一步探究下去的兴趣。

这类问题显然是围绕面积变化为主线,学生在实际情境中,动态理解两数和保持不变时,一个加数不变,另一个加数也不变的抽象概念逐步内化。(图 4-5-4)

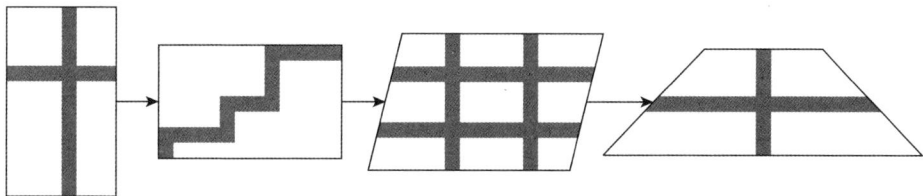

图 4-5-4

情境不断变换背景,学生在处理过程这个逐步体验"化归"数学思想方法,抽象两组加数的和不变,一组加数不变,另一组加数也不变。

数学教育家乔治·波利亚指出:"学习任何东西的最佳途径都是由学生自己去发现,因为这种发现理解最深刻,也最容易掌握其中的内在规律、性质和联系。"因此,教学中要结合学生的学习经历,合理创设问题产生的情境,为学生发现数学问题提供素材,让学生体会用数学的眼光观察,促进学生在发现问题的过程中孕育数学抽象素养。

二、构建数学模型,在问题解决中激发数学抽象

将现实世界或数学内部在数量关系或空间形式上一些带有普遍性的规律抽象出来,并用数学的形式或结构予以表示,就形成了数学模型。在问题解决的过程中,模型的抽象对数学抽象素养的培育更具有发展性。下面通过品析探究教学案例"从'赵爽弦图'到'数学风车'",探索探究教学中培育数学抽象素养的有效路径。

案例 1 "从'赵爽弦图'到'数学风车'"

【教学片段】面积探究

问题:从"赵爽弦图"到"数学风车"的图形变化过程中,随着平移距离的增大,"数学风车"中心风叶的面积是否发生变化? 设 $a=1,b=\sqrt{3}$,平移距离 $d=1$,试求中心风叶的面积 S。

学生问题解决路径图示(图 $4-5-5$):

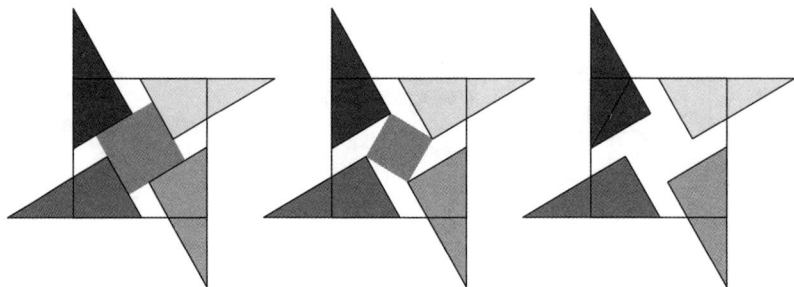

图 $4-5-5$

设计意图:从最初的图形变换问题情境诱导出面积探究,学生通过思考,面积计算策略的形成过程即数学模型的抽象过程,在问题的分析和解决过程中促进数学抽象素养的提升。

【教学片段】"出入相补"再探究

问题:如图 $4-5-6$,在边长为 $a(a>2)$ 的正方形 $ABCD$ 各边上分别截取

$AE=BF=CG=DH=1$，且$\angle AHM=\angle BEN=$

$\angle CFP=\angle DGQ=45°$，求四边形 $MNPQ$ 的面积。

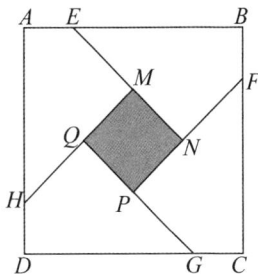

设计意图：在经历了从"赵爽弦图"展开的图形探究和面积探究后，针对具体问题构建问题解决的模型，运用出入相补原理，感悟其中所蕴含的数学思想，是数学抽象素养培育的高阶体验。

图 4-5-6

案例 2　"图形变换中的小路宽度问题"

【教学片段】抽象模型，升级模型

问题：不同情境下求绿地面积，在方法上有什么共同之处？

设计意图：学生解决不同情境下绿地面积问题，都是利用和减去一个加数求另一个数的方法，通过问题思考，帮助学生从思想方法的角度去归纳提升，从而对数学抽象的理解更加深刻。学生解决不同情境下绿地面积问题，都是运用间接法——加法模型。

$x+y=a$ 这个模型中和 a 不变，可以通过求 y 来求 x；

$(x_1+x_2+x_3+\cdots)+(y_1+y_2+y_3+\cdots)=a$ 这个模型中和 a 不变，可以通过求一组加数 $y_1+y_2+y_3+\cdots$ 来求另一组加数 $x_1+x_2+x_3+\cdots$。

抽象素养的培养是在思考解决问题过程中形成的，而形成过程中可能会遇到各种各样的问题，解决问题的过程就是透过现象看本质的过程，场景的设置要层层递进，每个变换都让学生感觉能做，但是又有不一样的条件，最后发现还是一样的结论。情境的设置对于激发学生学习兴趣和抽象思维内动力起着至关重要的作用，如果设置得当，学生抽象素养的形成自然就会事半功倍。

构建数学模型的关键在于数学化，即将数学内部的问题或现实世界的问题抽象提炼转化，最终实现问题的解决。在问题解决中，提出数学命题和模型、形成数学方法与思想都是数学化的表现，经历抽象问题规律，提炼命题建立模型的过程，使得数学抽象素养的培育在这样追寻本质的思维过程中更具发展性。

三、关注综合体验,在表达交流中升华数学抽象

在探究教学中,鼓励学生运用已有的知识和方法,通过阅读思考、观察比较、实验分析、猜想论证等方式主动研究问题,鼓励学生用自己的语言解释问题探究的原理、问题探究的路径、问题探究的结果,将所思所想用恰当的数学语言与他人交流分享,这样的探究学习中的综合体验能不断锻炼学生的概括能力和想象能力,提升数学抽象素养。下面通过品析探究教学案例"从'赵爽弦图'到'数学风车'",探索探究教学中如何升华数学抽象。

案例1 "从'赵爽弦图'到'数学风车'"

【教学片段】图形探究

问题1:"数学风车"中心风叶从顺时针变化为逆时针的分界图形(图4-5-7)?

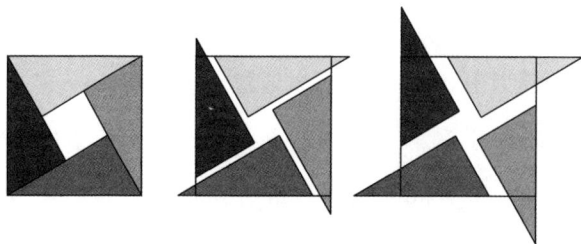

图4-5-7

(学生通过图形想象,能够初步感悟分界图形的位置,但所感不能言,仅个别学生能从不同角度,即从综合情境中抽象出数学问题,表达交流该位置的数学特征。)

设计意图:从"赵爽弦图"的图形变化情境出发,首先进行图形探究,即从直观观察到分析想象,再到抽象归纳,经历尝试用恰当的数学语言表达分界位置的数学特征的过程,为学生搭建表达交流的平台。在问题解决的过程中既关注学生思维的独立性,又关注学生在群体交流互动中的表达与倾听,在独立思考中体

验图形分析和提出命题的抽象,在互动交流中体验思维异同的抽象,丰富综合体验实践在表达交流中升华数学抽象。

案例2 "图形变换中的小路宽度问题"

【教学片段】互动交流,头脑风暴

互动设置点一:在第一个情境独立思考结束后,请学生交流分享一下各自的思考方法和结论。

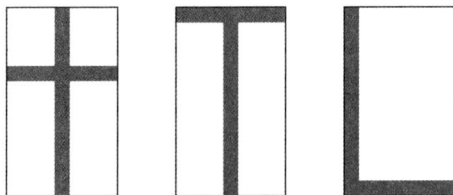

图4-5-8

设计意图:第一个情境是基础,也是关键。学生很快得到"三个方案面积一致"这个结论,但是对于如何求绿地面积的方法却不太一样,相当多的学生并没有将这三种方案合并成一种情况,但是学生在互动讨论的过程中基本认定最后一种方案最容易计算,前两种都可以通过平移转化为第三种。这也说明,探究过程中往往只要提供情境,提供互动平台,学生就能自我成长。

互动设置点二:在第一个情境通过互动讨论得到结论的情况下,学生自然会运用前面总结抽象出来的方法来处理第二种情境,形式虽不一样,但是解决问题的方法其实是一样的,可以说是一个质量监控点,排摸哪些学生还不能顺利解决,从而进一步进行指导。

图4-5-9

【教学片段】适时点拨,保持兴趣

探究过程中,教师要不断观察,同时要适时介入并进行点拨,注意全程让学生保持兴趣,同时能注意介入时间和方式,常见点拨介入时机有以下两类。

第一类是学生发现探究不下去时。例如,在平行四边形背景下,学生会产生困惑:直接求各块绿地面积条件不足,直接平移小路似乎也不行。这个时候教师可以在学生独立思考一段时间后,针对有困难的小组和学生进行轻声提示,追本溯源让学生把平行四边形面积与长方形面积之

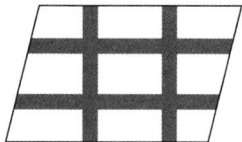

图 4 - 5 - 10

间的关系梳理清楚,但是别直接给答案,让束手无策的学生重新进入思考状态,等到汇总前再看看在你的提示下是否完成。若是完成,及时给予过程性鼓励,等讨论结束再提炼总结。

第二类是学生进行方法梳理,却常常表达得词不达意时。这个时候也是教师介入的时机,在学生总结的基础上再进行点拨、提升! 从而让学生用精炼、抽象、准确的语言来表达自己的观点。

关注学生的综合体验能激活数学探究的广度和深度,综合体验既包含学生独立的探究经历,更注重师生、生生间的探究互动。在综合体验的过程中注重培养学生的主体意识,鼓励学生用自己的语言大胆表达,以抽象出对原理的理解、对路径的设计,积极创设对话交流的环境,在表达交流中锻炼概括抽象能力,提升数学抽象素养。

在探究教学中如何培养学生的抽象素养,我们一直在路上。以学生的真实体验为教学设计的中心一直是我们思考的方式,我们坚信学生的素养只有在课程的良好体验中才能得到更好地提升。通过合理创设情境,在问题发现中孕育数学抽象;通过构建数学模型,在问题解决中激发数学抽象;通过关注综合体验,在表达交流中升华数学抽象。有趣的情境引发学生的兴趣,民主平等的讨论氛围激发学生的思维火花,深挖情境后的抽象模型培养学生的探究精神,针对学生全过程的评价让学生抽象素养得到升华!

参考文献

1. 孔凡哲,史宁中.中国学生发展的数学核心素养概念界定及养成途径[J].教育科学研究,2017(06):5-11.

2. 张奠宙,马文杰.简评"数学核心素养"[J].教育科学研究,2018(09):62-66,85.

3. 史宁中.学科核心素养的培养与教学——以数学学科核心素养的培养为例[J].中小学管理,2017(01):35-37.

4. 马云鹏.关于数学核心素养的几个问题[J].课程.教材.教法,2015,35(09):36-39.

5. 洪燕君,周九诗,王尚志,鲍建生.《普通高中数学课程标准(修订稿)》的意见征询——访谈张奠宙先生[J].数学教育学报,2015,24(03):35-39.

6. 朱立明.基于深化课程改革的数学核心素养体系构建[J].中国教育学刊,2016,(05):76-80.

7. 孙成成,胡典顺.数学核心素养:历程、模型及发展路径[J].教育探索,2016(12):27-30.

8. Stacey K.,Turner R.数学素养的测评——走进PISA测试[M].曹一鸣,译.北京:教育科学出版社,2017.

9. 胡典顺,雷沛瑶,刘婷.数学核心素养的测评:基于PISA测评框架与试题设计的视角[J].教育测量与评价,2018(10):40-46,64.

10. 张晨璐,武小鹏.特点与启示:PISA2021数学测评框架的新发展[J].教育测量与评价,2020(12):24-29.

11. 黄华.从PISA数学素养测试对国内数学教学的启示——PISA数学素养测试与上海市初中毕业统一学业考试数学测试之比较[J].上海教育科研,2010(05):8-11.

12. 张奠宙,李仕锜,李俊.数学教育学导论[M].北京:高等教育出版社,2004.

13. 史宁中,林玉慈,陶剑,郭民.关于高中数学教育中的数学核心素养——史宁中教授访谈之七[J].课程.教材.教法,2017,37(04):8-14.

14. 章建跃.核心素养统领下的数学教育变革[J].数学通报,2017,56(04):1-4.

15. 中华人民共和国教育部.普通高中课程方案(2017年版2020年修订)[S].北京:人民教育出版社,2020.

16. 中华人民共和国教育部.普通高中数学课程标准(2017年版2020年修订)[S].北京:人民教育出版社,2020.

17. 上海市中小学(幼儿园)课程改革委员会.上海市中小学数学课程标准(试行稿)[M].上海:上海教育出版社,2004.

18. 张金良.解密数学抽象 探索教学策略[J].数学通报,2019,58(08):23-26,66.

19. 蒋智东.高中数学抽象的特征、评价与培养[J].教学与管理,2021(19):62-64.

20. 上海市教育委员会教学研究室.上海市初中数学学科教学基本要求(试验本)[M].上海:上海教育出版社,2017.

21. 上海市教育委员会教学研究室.初中数学单元教学设计指南[M].北京:人民教育出版社,2018.